新时代
讲给
少年听

新时代讲给少年听

王炳林◎主编

飞扬的梦想

方　建◎编著

中原出版传媒集团
中原传媒股份公司

大象出版社
·郑州·

前言

党的十八大以来，中国特色社会主义进入了新时代，这是我国发展新的历史方位。新时代取得新成就，新时代展现新面貌，新时代涌现新典型，新时代产生新故事。

为帮助当代青少年读懂新时代，我们以“小切口”阐述“大主题”，重点选择反映党的十八大以来，广大党员干部和各族人民群众在以习近平同志为核心的党中央领导下不懈奋斗、取得辉煌成就的典型案例和鲜活故事，以点带面，总结分析，分门别类编成八卷本丛书，依次为《飘扬的党旗》《美丽的中国》《大国的担当》《人民的江山》《创新的力量》《飞扬的梦想》《共同的富裕》《文化的自信》。每卷独立成书，连贯起来又构成一个整体，全景式、系统化展现新时代党和国家事业取得的历史性成就、发生的历史性变革。

在叙述方式和语言风格方面，我们努力贴近新时代青少年的阅读习惯、接受特点，以青少年喜闻乐见的新方式、新表达进行语言“编码”，用通俗易懂的文字和形象生动的图片，讲清来龙去脉，剖析前因后果，让青少年读起来犹如身临其境，以见证者和参与者的身份感受新时代的脉搏与荣光。

我们深知，一部好的作品既要告诉读者已发生的事实，更要告诉读者事实发生的背后原因，因此，我们在书中设计了相关栏目，融入了党的二十大精神、习近平总书记相关重要论述等内容，阐释了党的十八大以来我们面对种种风险挑战乃至惊涛骇浪，之所以能解决许多长期想解决而没有解决的难题，办成许多过去想办而没有办成的大事，根本在于习近平新时代中国特色社会主义思想的科学指引，在于以习近平同志为核心的党中央的坚强领导，有助于青少年更加深刻领悟“两个确立”的决定性意义。我们力图使新时代故事既有温度又有高度，有助于青少年从新时代的伟大变革中启迪智慧、砥砺品德，收获关于青春价值和人生方向的更多思考。

青少年朋友们，你们生逢盛世，新时代为你们开启了无限广阔的发展前景，搭建了人生奋斗的出彩舞台。习近平总书记这样寄语：“希望广大青年用脚步丈量祖国大地，用眼睛发现中国精神，用耳朵倾听人民呼声，用内心感应时代脉搏，把对祖国血浓于水、与人民同呼吸共命运的情感贯穿学业全过程、融汇在事业追求中。”希望这套丛书能够成为你们在青春赛道上奋力奔跑的一份精神食粮，激励你们在新征程上自觉将爱国之情、报国之志与精进学业、锐意创新相结合，用实干诠释新时代青年的责任与担当。我们相信，实现第二个百年奋斗目标新的赶考之路，你们定能写下不负党和人民的精彩答卷！

王炳林

2023 年 8 月 20 日

目录

习近平总书记在党的二十大报告中指出：“从现在起，中国共产党的中心任务就是团结带领全国各族人民全面建成社会主义现代化强国、实现第二个百年奋斗目标，以中国式现代化全面推进中华民族伟大复兴。”梦想是对未来的美好期望，是发自内心想达到的目标。实现中华民族伟大复兴，就是中华民族近代以来最伟大的梦想。为了实现这个梦想，一代又一代中国人共同为之努力。国家、民族有了梦想，大家知道劲往哪里使；个人有了梦想，自己会朝着目标努力。我们都是追梦人。有梦想，有机会，有奋斗，一切美好的东西都能够创造出来。

对美好梦想的向往和追求

01 中华民族的伟大梦想

2012年11月29日，习近平总书记来到国家博物馆，参观《复兴之路》展览。一张张图表，一件件实物，一段段视频，把人们带回了近代以来跌宕起伏、波澜壮阔的难忘岁月。习近平总书记深情地说：“每个人都有理想和追求，都

国家博物馆

有自己的梦想。现在，大家都在讨论中国梦，我以为，实现中华民族伟大复兴，就是中华民族近代以来最伟大的梦想。这个梦想，凝聚了几代中国人的夙愿，体现了中华民族和中国人民的整体利益，是每一个中华儿女的共同期盼。”为什么中国梦是实现中华民族伟大复兴？我们一起沿着昨天、今天、明天的时间线索来探求答案吧。

国家富强

就是要在全面建成小康社会基础上，全面建成富强民主文明和谐美丽的社会主义现代化强国

民族振兴

就是要使中华民族更加坚强有力地自立于世界民族之林，为人类作出新的更大的贡献

人民幸福

就是要坚持以人民为中心，增进人民福祉，促进人的全面发展，朝着共同富裕方向稳步前进

中国梦的基本内涵

◎●◎ 中华民族的昨天

中华民族是世界上古老而伟大的民族，创造了绵延五千多年的灿烂文明，为人类文明进步作出了不可磨灭的贡献。然而，从1840年鸦片战争爆发到1945年抗日战争结束，在这一百多年里，中国持续不断地遭到列强侵略。鸦片战争以后，中华民族遭受的苦难之重、付出的牺牲之大，在世界历史上都是罕见的。庆幸的是，中国人民不屈不挠，英勇斗争，在中国共产党的领导下，取得了新民主主义革命的胜利，腐朽的封建专制制度被推翻了，列强夹着尾巴逃跑了，官僚资本主义的统治结束了，我们实现了民族独立、人民解放的梦想。1949年，中华人民共和国的成立，标志着中国人民终于站起来了。

◎●◎ 中华民族的今天

经过千辛万苦的探索，我们找到了一条把国家建设好、把民族发展好的正确道路，也就是中国特色社会主义道路。在中国特色社会主义道路上，我国经济实力、科技实力、综合国力大大增强，人民生活显著改善，摆脱了贫困，实现了温饱，全面建成了小康社会，正在意气风发向着实现社会主义现代化强国的目标迈进。中华民族巍然屹立于世界东方，向世界展现的是一派欣欣向荣的气象。中国共产党和中国人民以英勇顽强的奋斗向世界庄严宣告，中华民族迎来了从站起来、富起来到强起来的伟大飞跃。

■ 长城。长城、长江、黄河等都是中华民族的重要象征，是中华民族精神的重要标志

◎●◎ 中华民族的明天

我国已经如期完成全面建成小康社会的历史任务，实现了第一个百年奋斗目标，开启了全面建设社会主义现代化国家新征程。我们将分两步走，在本世纪中叶建成富强民主文明和谐美丽的社会主义现代化强国，以中国式现代化全面推进中华民族伟大复兴。到那时，我国物质文明、政治文明、精神文明、社会文明、生态文明将全面提升，实现国家治理体系和治理能力现代化，成为综合国力和国际影响力领先的国家，全体人民共同富裕基本实现，我国人民将享有更加幸福安康的生活，中华民族将以更加昂扬的姿态屹立于世界民族之林。

只有创造过辉煌的民族，才懂得复兴的意义；只有经历过苦难的民族，才对复兴有如此深切的渴望。中国梦形象地表达出中国人心中实现中华民族伟大复兴的渴望，昭示着国家富强、民族振兴、人民幸福的美好前景。中国梦一经提出，便产生了强大的感召力，激励全体中华儿女一起来想、一起来干，同心共筑伟大梦想。

■ “中国梦”主题油菜彩绘

02 >>> 中国梦　我的梦

圆嘟嘟的小脸蛋，红彤彤的花棉袄，憨态可掬、纯真可爱，像年画娃娃一样，她就是泥塑娃娃“梦娃”。“梦娃”虽然年龄小，但已是家喻户晓的公益广告代言人。她出演的中国梦公益广告，采用童谣传唱形式倡导“国是家、善作魂、勤为本、俭养德、诚立身、孝当先、和为贵”，传递出对美好梦想的向往，深受大家喜爱。公益广告最后出现的“中国梦　我的梦”六个字引人思考：为什么讲了中国梦，还要讲我的梦？我的梦和中国梦有什么关系呢？为了解答以上问题，我们来听听两个时代的追梦故事。

曾经“新年的梦想”

1932年冬天，影响力很大的《东方杂志》策划了“于1933年新年大家做一回好梦”的征稿活动，向人们征求两个问题的答案，一是梦想中的未来中国是怎样的？（请描写一个轮廓或叙述未来中国的一方面。）二是个人生活中有什么梦想？（这梦想当然不一定是能实现的。）这个活动得到广大文艺界人士的积极响应，刘亚子、谢冰莹、徐悲鸿、郑振铎、巴金、郁达夫、老舍、朱自清等人都参与了。1933年，《东方杂志》第一期出版“新年特大号”，用整整83页刊登了142人的244个梦想。

“我梦想的未来中国应当是一个物质与精神并重的大同社会。”“我梦想中的未来，中国人人能有机会坐上抽水马桶。”“一个太平的国家，富足，强盛。中国人到外国去不被轻视。”大家的梦想多种多样，令人憧憬和向往。叶圣陶的梦想很实在，但不少人看后都很认同，觉得说出了自己的梦想：“我的梦想非常简单，那就是个个人有饭吃，个个人有工作做；凡所吃的饭绝不是什么人的膏血，凡所做的工作绝不为充塞一两个人的大肚皮。”后来有人问他，为什么会写这样的“新年梦想”？叶圣陶回答说：“只有吃饱肚子，才能有力气工作；有了工作，也才能养家糊口。虽然梦想看起来简单，但要实现起来还需要大家共同努力。”

然而，当时的中国内外交困，危机重重。辽宁、吉林、黑龙江三省沦为日本的占领地，“一·二八”淞沪抗战爆发，要实现梦想确实太不容易。正如征文中有人无奈地说：“在这漫长的冬夜里，我们有的是饿，有的是冷，有的是虱子和跳蚤，有的是刺客和强盗，还哪儿来的一两个甜蜜的舒适的梦？”“在现在的这种环境中……只能够使我做噩梦。”

◎●◎ 街头随机采访的梦想

80年后，在2012年即将结束之际，也有一个类似的“征梦”活动。在北京，记者上街随机进行了采访，只问路人一个问题——“你的梦想是什么？”一位个体户说：“希望我们把生意做好，有个好的销售，别的就是把日子过好。”一名小学生说：“回老家看看我弟弟，还有我外公外婆，我们家盖新房子了，我也想回去看看。”一名刚毕业的大学生说：“工作上的话，因为刚开始上班，所以要好好工作，我的愿望是争取早日转正。”

无独有偶，在山东济南，《济南时报》的小记者们也走上街头采访路人的梦想。小记者们收到了各种各样的答案：“能够顺利考上研究生，在钟爱的专业继续深造，成为一名专业人才。”“希望现在多积累经验，不久的将来成为一名企业家，创建自己的企业，造福社会。”“希望长大后成为一名旅行家，所以现在要多读书、多积累知识！”……

2018年3月20日，在第十三届全国人民代表大会第一次会议上，习近平总书记指出：“中国人民是具有伟大梦想精神的人民。在几千年历史长河中，中国人民始终心怀梦想、不懈追求，我们不仅形成了小康生活的理念，而且秉持天下为公的情怀，盘古开天、女娲补天、伏羲画卦、神农尝草、夸父追日、精卫填海、愚公移山等我国古代神话深刻反映了中国人民勇于追求和实现梦想的执着精神。中国人民相信，山再高，往上攀，总能登顶；路再长，走下去，定能到达。近代以来，实现中华民族伟大复兴成为中华民族最伟大的梦想，中国人民百折不挠、坚忍不拔，以同敌人血战到底的气概、在自力更生的基础上光复旧物的决心、自立于世界民族之林的能力，为实现这个伟大梦想进行了170多年的持续奋斗。今天，中国人民比历史上任何时期都更接近、更有信心和能力实现中华民族伟大复兴。我相信，只要13亿多中国人民始终发扬这种伟大梦想精神，我们就一定能够实现中华民族伟大复兴！”

◎●◎ 中国梦与我的梦密不可分

时代虽然不同，但中国人始终怀有对美好梦想的向往，始终没有放弃对美好梦想的追求。国家富强、民族振兴，归根到底是为了人民幸福。中国梦凝聚了国家梦、民族梦、个

■ “中国梦　我的梦”景观小品

人梦。中国梦可以很大，大到国家的梦、民族的梦，也可以很小，小到每一个中国人的梦。国家好，民族好，大家才会好。在列强侵略、积贫积弱的过去，要实现国家梦、民族梦太不容易，要实现个人梦更不容易。而在国泰民安、国强民富的现在，国家梦、民族梦正在圆梦中，为实现个人梦创造条件，而个人在追梦路上奔跑，把个人梦融入国家梦、民族梦之中，汇聚成实现国家梦、民族梦的强大合力。经过几代人的共同努力，我们国家的航母梦、北斗梦、太空梦等梦想都一一实现了，参与的人也实现了自己的人生梦想。

03 >>> 少年追梦正当时

梦想不会轻而易举实现，更不会自己过来。躺着不能实现梦想，只坚持一下也不能实现梦想。梦想等不到、要不到，需要我们努力追求。那么，怎样才能实现梦想呢？唯有撸起袖子加油干，才能梦想成真。

◎●◎ 梦想从学习开始

学习是前进的基础。学识基础的厚实程度，影响甚至决定着人的一生。有人说，每个人的世界都是一个圆，学习是半径，半径越大，拥有的世界就越广阔。梦想从学习开始。多学知识，多学本领，才有能力实现梦想。

当今世界，知识信息快速更新，学习稍有懈怠，就会落伍。习近平总书记特别希望同学们如饥似渴、孜孜不倦学习，从一棵棵小树苗长成中华民族的参天大树。

读者在中国国家图书馆看书学习

2013年5月21日，习近平总书记来到四川省芦山县龙门乡隆兴中心校，给同学们带了书包、图书、文具等礼物。一个月前，芦山发生7.0级地震，学校在地震中受损，为了抓紧复课，学校在操场上搭建起帐篷教室、板房教室。习近平总书记走进五年级二班，班里正在进行“感恩奋进·放飞梦想”的主题班会。同学们争相讲述自己的梦想，一名男孩动情地说：“我想当科学家，建造会飞的房子，这样就可以免受灾难危害。”习近平总书记听后夸大家很有想象力，还鼓励说：“青少年要敢于有梦。从《西游记》到凡尔纳科幻小说，飞船、潜艇今天不都有了吗？有梦想，还要脚踏实地，好好读书，才能梦想成真。”

2016年9月9日，习近平总书记来到母校北京市八一学校。在科普实验室，他仔细观看了同学们正在研制的科普小卫星，说：“你们很了不起，我上学时，也就是组装个矿石收音机。”习近平总书记叮嘱同学们小卫星发射时别忘了告诉他。科普小卫星研制团队的同学们一直记得这个约定，卫星发射前给总书记写了一封信，报告了卫星即将发射的消息。同学们很快收到了回信，信中说：“希望你们保持对知识的渴望，保持对探索的兴趣，培育科学精神，刻苦学习，努力实践，带动更多青少年讲科学、爱科学、学科学、用科

■ 上海天文馆是全球最大的天文馆，激励着同学们探索太空奥秘的好奇心

学，努力成长为祖国的栋梁之材，将来更好为实现中华民族伟大复兴的中国梦贡献力量。”得到习近平总书记的肯定和鼓励，同学们的干劲更足了。

2020年，在六一国际儿童节到来之际，习近平总书记向全国各族少年儿童致以节日的祝贺，并勉励大家说：“少年强则国强。当代中国少年儿童既是实现第一个百年奋斗目标的经历者、见证者，更是实现第二个百年奋斗目标、建设社会主义现代化强国的生力军。希望广大少年儿童刻苦学习知识，坚定理想信念，磨炼坚强意志，锻炼强健体魄，为实现中华民族伟大复兴的中国梦时刻准备着。”

实干才能梦想成真

“把握生命里的每一分钟，全力以赴我们心中的梦，不经历风雨，怎么见彩虹，没有人能随随便便成功。”这是歌曲《真心英雄》中的歌词。这首歌情感真挚，极富感染力，一经推出即红遍大江南北，激励着人们全力以赴追逐梦想。

梦想是对未来的一种期望，不是明天，也不是后天就能立刻实现的。实现梦想需要一天接着一天坚持不懈地努力。在河北省承德市有一个叫塞罕坝的地方，“塞罕”是蒙语，意为美丽；“坝”是汉语，意为高岭。由此可见，塞罕坝就是“美丽的高岭”的意思。可是近代以来，塞罕坝森林植被遭到破坏，退化为高原荒丘。新中国成立后，几代塞罕坝人经过坚持不懈的努力，硬是把这个“飞鸟无栖树，黄沙遮天日”的荒地打造成了世界上面积最大的人工林。今天的塞罕坝成为花的世界、林的海洋。“日日行，不怕千万里；常常做，不怕千万事。”脚踏实地，一步一个脚印，就是在向着梦想前进。

最美不过中国梦，少年追梦正当时。加油吧，新时代的少年，一起在追梦路上奋力奔跑。

塞罕坝风光

习近平总书记在党的二十大报告中指出："高质量发展是全面建设社会主义现代化国家的首要任务。"党的二十大报告多处提到高质量发展，比如报告的15个部分中，其中一个是加快构建新发展格局，着力推动高质量发展；中国式现代化的本质要求中，其中一条是实现高质量发展；未来5年主要目标任务中，其中一项是经济高质量发展取得新突破；干部需要增强的本领中，其中一个是推动高质量发展本领；等等。为何如此重视高质量发展？怎样才能实现高质量发展？

实现高质量发展

01 从高速增长到高质量发展

如果用一个字来概括中国这几十年来的经济发展，恐怕不少人会选择“快”。改革开放以来，我国经济发展步入快车道，一跃成为世界第二大经济体。经济发展是一个螺旋式上升的过程，上升不是线性的，量积累到一定阶段，就得转向质的提升，我国经济发展也要遵循这一规律。就像一个人长个子一样，18岁前长得很快，18岁后就会慢下来。新时代我国经济发展不能只图快，还要追求高质量。

高速增长功不可没

改革开放之初，我国的一个基本状况是人口多、底子薄、生产力落后。要改变落后的面貌只能奋起直追，加快发展。改革开放以来，我国经济实现快速增长，经济规模越来

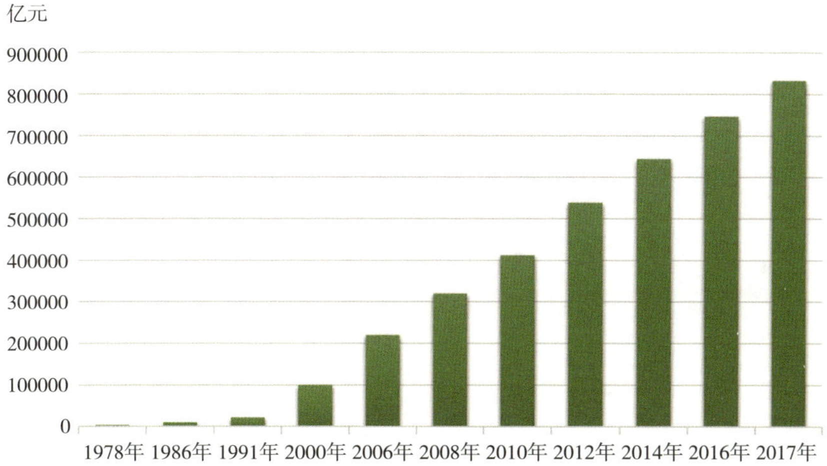

改革开放以来我国国内生产总值连上新台阶

越大。截至2017年，1978年改革开放以来我国经济年均增长9.5%，有的年份经济增速还达到两位数。据统计，1978年，我国国内生产总值只有3679亿元，之后连续跨越，1986年上升到1万亿元，1991年上升到2万亿元，2000年突破10万亿元大关，2006年超过20万亿元，2017年首次站上80万亿元的历史新台阶。

放在国际上看，中国快速发展所取得的成就也是一枝独秀的。我国成为世界第二大经济体、第一大工业国、第一大货物贸易国、第一大外汇储备国等。以2017年的统计数据为例，从2012年到2017年，我国经济年均增长7.1%，明显高于

> 我国经济总量在世界上的排名，改革开放之初是第十一；2005年超过法国，居第五；2006年超过英国，居第四；2007年超过德国，居第三；2009年超过日本，居第二。我们创造了第二次世界大战结束后一个国家经济高速增长持续时间最长的奇迹。

同期世界经济年均增长2%和发展中经济体年均增长4%的水平，在世界经济体中位居前列。中国经济增长对世界经济增长的贡献率达到30%以上，超过美国、欧元区加上日本贡献率的总和。2017年全国财政收入为17.3万亿元，超过印度一年的经济总量，相当于法国一个国家的经济总量。

◎●◎ 高质量发展迫在眉睫

我们国家发展到今天，和过去有很大不同。过去要解决“有没有”的问题，现在要解决“好不好”的问题。过去关心量的增长，现在要关注质的提升。过去求温饱，现在求环保。过去“怎么才能发展起来”是问题后半句，中国经济怎么才能发展起来，农业怎么才能发展起来；现在“发展起来后怎么才能”成为问题的前半句，发展起来后怎么才能满足人民对美好生活的向往，发展起来后怎么才能实现共同富裕。这些不同客观上要求实现高质量发展。

20世纪60年代以来，全球一百多个中等收入经济体中只有十几个成功进入高收入经济体。那些取得成功的国家，就是在经历高速增长阶段后，实现了经济发展从量的扩张转向质的提高。那些徘徊不前甚至倒退的国家，就是没有实现这种根本性转变。正因如此，2017年10月，习近平总书记在党的十九大上作出“我国经济已由高速增长阶段转向高质量发展阶段”的重大判断。

如果说高速增长，是努力用最快的速度把蛋糕做大，那么高质量发展，就是要把蛋糕做得更好。有人担心从高速增长转向高质量发展，经济体量会越来越“瘦”，其实不会的。就像登山，登了1000米，再多登10%，是多100米；而已经登了3000米，再多登5%，那就是多150米。显而易见，现在我们国家经济体量大了，速度放慢一点，增量并不会少。

新发展理念引领高质量发展

2022年7月，山东、河南的亿元打赌成为网络热搜，引来诸多网友强势围观。两个省打起赌来，大家还连连叫好，这是怎么回事？原来2021年山东、河南签订了《黄河流域（豫鲁段）横向生态保护补偿协议》，两省达成“对赌”

协议，赌的就是黄河的水质。如果上游河南入鲁水质下降一级，则河南给山东6000万元；如果水质上升一级，则山东给河南6000万。近两年，黄河入鲁水质始终保持在二类水质以上，山东作为受益方，共兑现河南生态补偿资金1.26亿元。有人说，河南赢了，也有人说是山东赢了。这场“赌局”，谁都不是输家，实现的是双赢，河南与山东双赢，经济与生态双赢，推动了上下游两省同心协力保护黄河生态。

黄河郑州段

■ 新发展理念

这场对赌并不是孤立的做法，背后是黄河流域生态保护和高质量发展的国家战略。其实，不只黄河流域在努力实现高质量发展，就全国而言，推动高质量发展已成为经济社会发展的主题。党的十八大以来，我们党提出了创新、协调、绿色、开放、共享的新发展理念。贯彻新发展理念是关系我国发展全局的一场深刻变革，不能简单以生产总值增长率论英雄，必须实现创新成为第一动力、协调成为内生特点、绿色成为普遍形态、开放成为必由之路、共享成为根本目的的高质量发展。在新发展理念的引领下，我国经济发展平衡性、协调性、可持续性明显增强，迈上更高质量、更有效率、更加公平、更可持续、更为安全的发展之路。统计数据显示，2022年，国内生产总值已突破120万亿元，发展质量稳步提升。

发展理念是发展行动的先导，管全局、管根本、管方向、管长远，是发展思路、发展方向、发展着力点的集中体现。发展理念是否对头，从根本上决定着发展成效乃至成败。

新发展理念是具有内在联系的集合体。新发展理念中，创新是引领发展的第一动力，协调是持续健康发展的内在要求，绿色是永续发展的必要条件和人民对美好生活追求的重要体现，开放是国家繁荣发展的必由之路，共享是中国特色社会主义的本质要求。这五大发展理念相互贯通、相互促进，要统一贯彻，不能顾此失彼，也不能相互替代。哪一个发展理念贯彻不到位，发展进程都会受到影响。

02 〉〉〉 “海淘热”的启示

在过去，要买点海外商品并不容易，为数不多的渠道之一就是出国，但是当时出国也不容易。随着改革开放的持续推进，互联网技术以及物流业的迅猛发展，现如今在网上就能选购琳琅满目的海外商品，下单后等着收快递就行。人们把通过海外购物网站购买商品称为“海淘”。一段时间以来，海淘持续升温，成为购物交流的热门词。

海淘有多热

大概从2007年开始，国内消费者开始通过海外购物网站购买商品，由转运公司代收货物后再邮寄回国。十多年来，海淘作为一种购物方式发展迅猛，覆盖区域从北京、上海等一线城市向二、三线城市迅速扩展。

海淘群体越来越庞大。海淘用户规模每年都在扩大，从2017年的0.66亿人发展到2022年的1.6亿人。根据某机构发布的《2021年中国跨境海淘消费行业白皮书》，参与调研的人群中，超过80%的用户每月至少海淘一次，其中“95后”“00后”是增速最快的消费人群。从2018年到2020年，某跨境电商平台“95后”“00后”的购物群体规模从28.7%增长到34.9%，增长超过6个百分点。

海淘商品越来越丰富。在不少人的印象中，中国人海外消费多是购买珠宝首饰、名包名表、名牌服饰、化妆品等奢侈品。也确实如此，据统计，全球约三分之一的奢侈品被中国人买走。然而，一边是奢侈品消费劲头不减，另一边是电饭煲、马桶盖、奶粉、奶瓶、护肤品、零食、药品、保温杯等商品受到中国消费者追捧。

海淘支出越来越多。消费者将大把钞票花费在海淘购物上。《2016上半年中国海淘消费报告》统计结果显示，2015年我国在线海外购物市场整体规模近1万亿元，平均每个中国人一年在线海外购物消费655元。随着海淘支持政策不断优化升级，海淘变得更加便利，海淘支出呈现出明显上升态势。

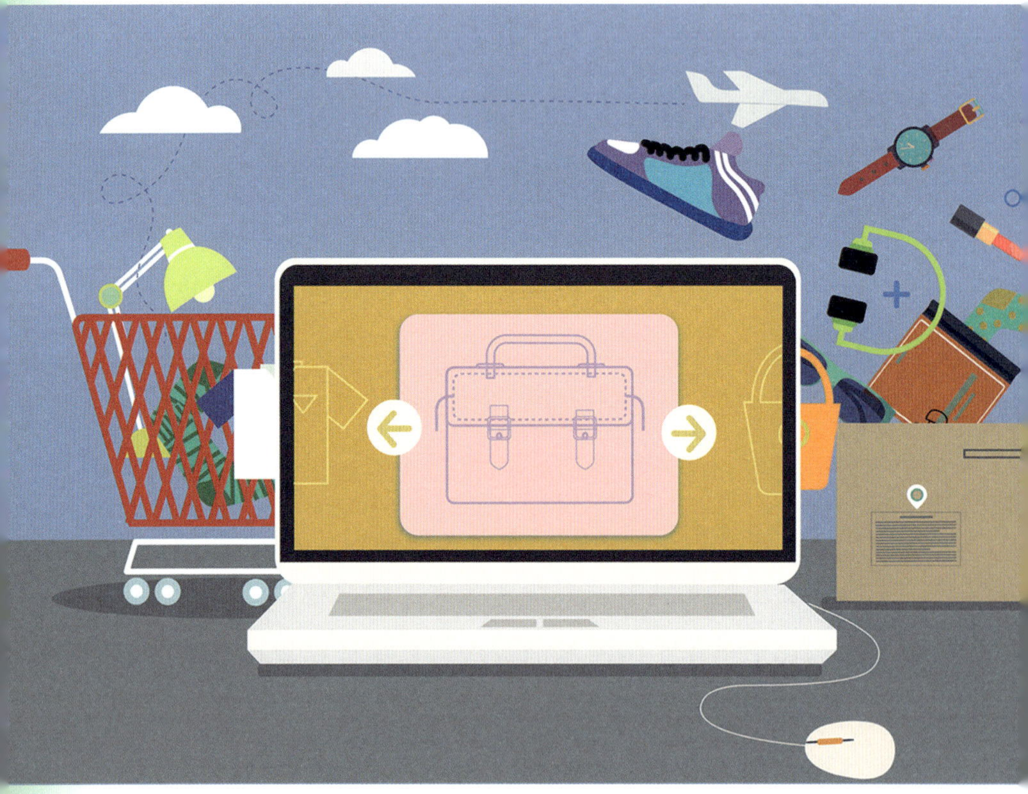

海淘越来越便捷，在网上就能选购琳琅满目的海外商品

◎●◎“海淘热” 冷思考

为什么会出现“海淘热”？海淘越来越便捷，这固然是一个原因；能够尽可能快地体验全球新款，相同品牌的商品在国外买更便宜，也是一些原因。但更为重要的推动力是消费者的需求。

过去大家收入有限，生活水平普遍不高，买东西自然要多考虑价格因素，对商品的品质不那么在意。现在生活水平提高了，开始看重商品品质。比如，过去能喝上自来水都觉得很知足，现在对水质有更高的要求，带动了净水器的消费。过去南方冬天取暖基本靠抖，近些年来家庭采暖兴起，带动供暖设备的消费。这种变化实际上就是需求变化，中国消费者开始追求中高端产品了。市面上供给的中低端商品，价格倒是便宜，但品质上不去，自然不会被消费者认可。消费者的需求在国内得不到有效满足，便将目光转向国际市场，从而引发海淘热潮，导致需求外溢。

◎●◎ 发力供给侧 满足新需求

经济全球化时代，显然不能禁止消费者的海外消费。引导海外消费向国内回流，就要想方设法提高国内商品的品质，满足消费者的需求。国内市场有奶粉供应，但消费者海淘海外的奶粉，这说明供给的商品与消费者的需求是错位的，出现了结构性问题。党的十八大以来，我们国家着力解决供给方面的问题，提升产品品质，减少中低端产品供给，增加中高端产品供给，更好地满足消费者的需求。这样的改革被称为“供给侧结构性改革”。

在供给侧结构性改革推动下，不少产品凭借转型升级、科技赋能，积极运用直播带货等新营销手段，成功实现“出圈”。一些国字号品牌的产品“旧貌换新颜”，也潮了起来，得到不少年轻消费者的认可。比如，20世纪80年代以来，自行车成为人们出行的主要交通工具，中国也被称为“自行车

> 供给侧结构性改革的根本，是使我国供给能力更好满足广大人民日益增长、不断升级和个性化的物质文化和生态环境需要，从而实现社会主义生产目的。

的王国”。但随着电动车、摩托车、小轿车的兴起，自行车逐渐淡出了人们的视野，绝大多数自行车生产企业陷入经营困境。怎么办？一些车企主动调整生产计划，不断适应新变化，研发了小巧轻便的折叠自行车、功能多样的智能自行车、充满乐趣的儿童平衡车等，满足不同消费者的需求。特别是共享单车的出现，既解决了群众出行“最后一公里”难题，又使骑自行车这种绿色、健康的生活方式成为一种时尚，还让自行车行业焕发出新的生机。

03 中国制造强起来

新中国成立之初，我们国家百废待兴。毛泽东同志感叹说："现在我们能造什么？能造桌子椅子，能造茶碗茶壶，能种粮食，还能磨成面粉，还能造纸，但是，一辆汽车、一

> 2015年，我国发布《中国制造2025》，部署全面推进实施制造强国战略。这是我国实施制造强国战略第一个十年的行动纲领。
>
> 《中国制造2025》提出立足国情，立足现实，力争通过"三步走"实现制造强国的战略目标。
>
> 第一步：力争用十年时间，迈入制造强国行列。
>
> 第二步：到2035年，我国制造业整体达到世界制造强国阵营中等水平。
>
> 第三步：新中国成立一百年时，制造业大国地位更加巩固，综合实力进入世界制造强国前列。

架飞机、一辆坦克、一辆拖拉机都不能造。”制造业是国民经济的主体，是立国之本、强国之基。没有强大的制造业，国家和民族发展的根基就不牢固。为改变这种落后状况，党把实现国家工业化确定为新中国整个经济建设的主要任务。中国制造在“一穷二白”的基础上发展起来，逐步成为名副其实的制造大国。现如今，我国制造业已走上由大变强的高质量发展之路，制造强国梦必将实现。

◎●◎ 非凡成就

新中国成立尤其是改革开放以来，我国制造业持续快速发展，建成了门类齐全、独立完整的产业体系，有力推动了工业化和现代化进程，显著增强了综合国力，支撑我国世界大国地位。

数据最有说服力，我们来看几组数据。从2002年至2012年，我国制造业增加值由4.2万亿元增长到16.98万亿元。2010年，我国在全球制造业总值中的比例为19.8%，超过美国的19.4%，成为全球制造业第一大国。2012年，在500种主要工业品中，我国有220多种产品产量居世界第一位，其中，计算机、冰箱、空调、粗钢、水泥等产品产量都达到或超过世界总产量的一半。我国工业拥有41个大类、207个中类、666个小类，是全世界唯一拥有联合国产业分类中所列全部工业门类的国家。制造业的发展支撑我国经济总量跃升到全球第二位。这些成就足以表明中国制造的体量和规模。

◎●◎ 大而不强

长期以来，中国制造物美价廉，但似乎给人的印象是只能生产普通产品，缺少高科技，一度成为廉价、低品质的代名词。除此之外，我国依靠资源消耗驱动经济增长，虽然带来了高速增长，但不可避免地产生了高能耗、高污染、高排放等问题，资源环境的约束越来越强。据统计，2012年，中国经济总量约占全球11.4%，却消耗了全球21.3%的能源、45%的钢、43%的铜、54%的水泥，排放的二氧化硫、氮氧化物总量居世界第一。

广东顺德是“中国家电之都”“中国燃气具之都”，这里曾诞生了全球第一台消毒柜、全国第一台柴油机、全国第一台双门双温冰箱。在近400个村级工业园，厂房虽显简陋破旧，但每天都在创造着财富。这里的一家企业生产各类温控器，是诸多一线家电品牌的核心供应商。几年前，为了打开国际市场，这家企业与一家法国厨电公司商谈合作，谈得差不多了，对方提出要实地看看。遗憾的是，对方来之后，“只见他们拿着一张表在车间里来回转，哪里不符合标准就打个×，最后一张表基本上都是×，合作没谈成。”这家企业的遭遇反映出中国制造还缺乏国际竞争力，面临着大而不强的困境。

◎●◎ 由大变强

改变制造大国的困境，中国制造必须强起来。互联网技术的发展为中国制造转型升级提供了契机，数字化、智能化转型成为企业共同的诉求。这些年，我国制造业已走上由大变强的发展之路，正以智能制造为主攻方向，加快工业互联网创新发展，加快制造业生产方式和企业形态根本性变革，推动中国制造迈向中高端。

某光电技术有限公司是一家专注于半导体显示领域的创新型科技企业，商显产品出货量全球第一，电视面板市占率稳居全球第二。在这里是一派忙碌而有序的生产景象，一块块特制“玻璃”进入密闭的生产车间后，出来时就变成了一块块显示面板。得益于智能化生产，该公司可以不间断地

■ 智能化生产

生产各种面板，构建了在全球面板行业的核心竞争力。产业链上的另外一家企业同样尝到智能化改造的甜头。2018年决定进行智能化改造时，企业内部有不同看法：我们企业以数据线、充电器等配套元器件为主要产品，何必斥巨资进行智能化改造？虽然有争议，但智能化毕竟是大势所趋，不可阻挡。通过积极沟通，企业上下最终达成了共识。智能化升级完成后，企业保持高效稳定的生产，不少订单都纷纷转到了这里。

山东青岛的一份调查显示，智能化改造后，企业的平均生产效率提升20%以上、运营成本降低20%左右、产品研制周期缩短35%左右。智能化除了能提高生产效率，还有其他作用呢。有了云计算、大数据、人工智能的加持，可以实现供给与需求的精准对接，生产出更富有个性、更符合消费者需求的产品。《人民日报》曾报道：“一些制衣企业利用大数据技术，存储了个性化定制西装的所有信息，包括衣服每个部位的尺码、选择的材料、缝制时需要的工艺等，使得一条生产线上可以生产款式、面料、风格、尺寸等细节各不相同的西装。”

我国制造业研发投入强度从2012年的0.85%增加到2021年的1.54%，专精特新“小巨人”企业的平均研发强度达到10.3%，570多家工业企业入围全球研发投入2500强。载人航天、探月探火、深海深地探测、超级计算机、卫星导航、量子信息、核电技术、新能源技术、大飞机制造、生物医药等取得重大成果，一大批重大标志性创新成果引领中国制造业不断攀上新的高度。智能手机、高速铁路、无人机、核电、5G、太阳能光伏等走出国门，中国制造在全球产业链、供应链中的影响力得到提升。中国正从制造大国向制造强国迈进，制造业的高质量发展为全面建设社会主义现代化国家、全面推进中华民族伟大复兴奠定更加坚实的物质基础。

行驶中的“复兴号”动车组

习近平总书记在党的二十大报告中指出：“教育、科技、人才是全面建设社会主义现代化国家的基础性、战略性支撑。”回顾历史可以看到，科技立则民族立，科技强则国家强。十六世纪以来，世界发生了多次科技革命，每一次都深刻影响了世界力量格局。从某种意义上说，科技实力决定着世界政治经济力量对比的变化，也决定着各国各民族的前途命运。近代以来，中国屡屡被经济总量远不如我们的国家打败，为什么？其实，不是输在经济规模上，而是输在科技落后上。没有强大的科技，“两个一百年”的奋斗目标难以顺利达成，中国梦这篇大文章难以顺利写下去，我们也难以从大国走向强国。有人说，科技研发周期长、投入大、风险高，国外有现成的，花钱买人家的不就行了吗？残酷的现实在于关键核心技术是要不来、买不来、讨不来的。只有把关键核心技术掌握在自己手中，才能避免受制于人。

科技自立自强

01 国产圆珠笔的缺“芯”之痛

2016年，中国生产的圆珠笔需要进口笔头的话题引发热议。有网友感叹，还真不知道中国连圆珠笔的笔头都生产不了。中国能造原子弹、火箭、飞船、高铁、航母、潜艇，为何圆珠笔的笔头却要长期依赖进口？小小的笔头考问着中国制造业。

制笔大国的尴尬

中国是制笔大国，有3000多家制笔企业，20多万从业人员，每年生产近400亿支圆珠笔，产量占全球的80%。制笔大国的地位固然令人骄傲，但是圆珠笔的笔头需要进口也确实很尴尬。真是纳闷儿，怎么连小小的圆珠笔也能有“世界差距”？

笔头和墨水是圆珠笔的关键，其中笔头分为笔尖上的球珠和球座体。碳化钨球珠在国内外应用最为广泛，我国已经具有很好的基础，不仅可以满足国内生产需要，还大量出口。但球座体的生产，无论是设备还是原材料，长期以来都掌握在瑞士、日本等国家手中。只有破解生产设备以及作为原材料的特殊钢材，才能改变依赖进口的状况。

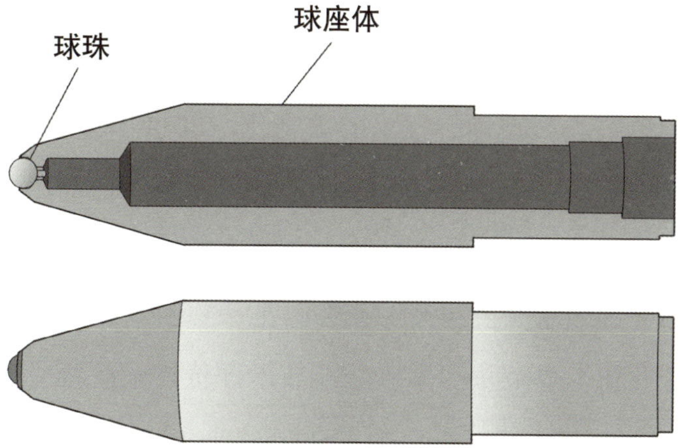

■ 圆珠笔笔头

◎●◎ 启动科技攻关

其实，这个问题早在2010年就引发社会关注。当年7月，全国政协教科文卫体委员会组成调研组，赴浙江、上海等地对圆珠笔笔头进口问题展开调研。参与调研的全国政协委员徐晓兰回忆说："我说一支笔有什么好调研的，一支笔最多一块多钱，而且我也不认为一支笔有多么大的核心竞争力，后来在调研的时候真的是让我大吃一惊，就是小小的一支笔，它的那个笔头90%以上是进口的。""的的确确从这一支笔能够看出我们创新驱动的重要性、必要性和迫切性。"

这次调研引起了相关部门的高度重视。为突破关键技术，实现笔类产品核心技术的国产化，2011年3月，科技部紧急安排启动了国家科技支撑计划重点项目"制笔行业关键材料及制备技术研发与产业化"，重点研究三个课题"圆珠笔墨水关键技术开发与产业化""笔头材料及其制备技术研发与产业化""笔头和墨水匹配技术评价体系及新型笔头研发"。

◎●◎ 中国终于造出圆珠笔笔头

小小笔头，看似普通，实则内含不少技术难题。圆珠笔笔头的生产对加工的精度、材料的选择都有很高的要求。

太钢集团技术中心的工程师认为，钢材要制造笔头，必须用很多特殊的微量元素，把钢材调整到最佳性能，微量元素配比的细微变化都会影响钢材质量，这个配比找不到，中国的制笔行业永远都需要进口笔尖钢。没有现成的技术可以借鉴，只能靠自己一次又一次试验。为此，工程师们就像“和面”一样，在钢水中添加不同的成分，试图找到合适的比例。这个过程注定是艰难的，不知道失败了多少次。好在历时5年自主探索，太钢集团终于成功研发出制造笔头的特殊钢材。同时，国产笔头制造设备也研制成功。制笔大国长期依赖进口的尴尬一去不复返。

笔头上不仅有小球珠，里面还有5条引导墨水的沟槽，加工精度都要达到千分之一毫米的数量级。每一个小小的偏差都会影响笔头书写的流畅度和使用寿命，笔尖的开口厚度不到0.1毫米，还要考虑到书写角度和压力，球珠与笔头、墨水沟槽位必须搭配得“天衣无缝”，加工误差不能超过0.003毫米。

一支不足为奇的圆珠笔，记录下中国制造业的奋进之路，更是展示出科技创新的实践威力。

02 >>> “一定要有自己的大飞机”

一般大家所说的大飞机是指载客量150人以上，起飞重量100吨左右，飞行距离4000千米以上的大型客机。大型客机制造被誉为“现代工业的皇冠”。中国虽然是全球第二大民用航空市场，但是长期以来大飞机完全依赖进口。拥有自己的大飞机，是几代中国人的梦想。随着国产大飞机C919腾空飞起，梦想已经照进现实。

国产大飞机的梦想

大飞机是拥有百万级零部件，结构极为复杂的高端科技产品。大飞机的研发和生产制造能力不仅是一个国家航空水平的重要标志，更是一个国家经济实力、科技实力、综合国力的集中体现。虽然不少国家都想拥有自己的大飞机，不过其行业门槛之高令人望而生畏。也有国家搞过大飞机，但是因为研发难度高、经费投入大，最终没有成功。没有自己的大飞机，一直是中国人心中的痛。曾几何时，我们由于自己不能制造大飞机而被讥笑为“没有翅膀的雄鹰”。自己不能造，只能向国外买。但是买飞机哪有那么容易。全球庞大的民航市场被波音、空客等少数飞机制造商垄断着。20世纪就流传过这么一句话，“出口8亿件衬衫所得的利润才能换回一架空客飞机，出口10亿双袜子才能换回一架波音飞机”。

我国曾经作出过研制大飞机的重大决定。起初，在技术封锁条件下只能自己研发，但研发成本和生产成本都很高，性能又不及国际主流水准，市场并不看好。这期间，还受到“造不如买，买不如租”认识的影响，最终无奈被迫中断。后来在改革开放条件下，通过“以市场换技术”的思路寻求同国外飞机制造商合作，但中国仅仅扮演了组装角色，虽然也能学到一些技术，但无法真正掌握发动机、航电、飞控三大核心技术。没过几年，合作项目因为这样那样的原因也都停了下来。总之，大飞机项目一波多折，最终都没有成功。

C919载梦而来

尽管困难重重，但中国人始终没有放弃大飞机的梦想。2006年，国务院发布《国家中长期科学和技术发展规划纲要（2006—2020年）》，把大型飞机列入16个重大科技专项之一，举全国之力，推进大飞机的制造工作。2008年5月11日，中国商用飞机有限责任公司（以下简称中国商飞公司）在上海黄浦江畔成立，肩负起研发中国自己的大飞机的使命。

有人做过统计，汽车的零部件数量基本在万级，航天产品零部件数量一般在十万级以上，大型客机零部件数量达到百万级。波音747有600万个零部件，波音777有450万个零部件，C919类似于波音737，有将近200万个零部件，其研发难度可想而知。为了研发C919，我们国家充分发挥集中力量办大事的制度优势，汇聚起全国各地的智慧和力量。以上海

2009年1月6日，中国商飞公司正式发布大型客机机型，代号“COMAC919”，简称“C919”。C是中国英文“China”的首字母，第一个9寓意“天长地久”，后面的19寓意最大载客量190人。

为龙头，全国20多个省市、1000多家企事业单位、30多万人参与大型客机项目研制和生产，攻克一个又一个技术难关。在此过程中，大家长期奋斗、长期攻关、长期吃苦、长期奉献，形成了“航空强国、‘四个长期’、永不放弃”的大飞机创业精神。

■ 为了研发 C919，我们国家充分发挥集中力量办大事的制度优势

习近平总书记十分关心大飞机项目。2014年5月23日，总书记专程来到中国商飞设计研发中心，登上C919大型客机展示样机，坐在驾驶舱主驾驶的座位上，了解速度表、高度表、航迹图等有关仪器仪表情况。习近平总书记勉励大家说：“我们要做一个强国，就一定要把装备制造业搞上去，把大飞机搞上去，起带动作用、标志性作用。”

经过年复一年的艰苦奋斗，2015年11月2日，C919首架机在浦东基地正式总装下线。2016年12月25日，C919首架机交付试飞中心。

◎●◎ 一飞冲天

“大鹏一日同风起，扶摇直上九万里。”2017年5月5日，国产大飞机C919在上海首飞成功。C919总设计师在接受记者采访时骄傲地说：“C919是完全自研自产的，从气动外形和机体结构来说，C919的每一条线，每一个面，每一个元素，每一个DNA都是我们自己的，我们拥有完全自主知识产权，是我们自己的大飞机，绝对的中国制造！”

C919的每一步进展都牵动着所有中国人的心。2019年9月7日，中秋节到来之际，C919在完成导航LOC全向性科目试飞过程中，花样飞出了一个“糖心月饼”，为全国人民送上中秋节的问候，这让大家对C919的试飞取证充满了信心。经过高温、高湿热、高原、高寒、大侧风等各种极端情况考验，2022年5月14日，即将交付首家用户的首架C919大飞机首次飞行试验圆满完成。7月，六架C919试飞机圆满完成全部试飞任务，标志着大飞机项目研制取得重要阶段性胜利。8月1日，中国商飞公司发布海报，宣布C919完成取证试飞。海报引用了署名为“老长弓”作的诗——首飞不易适航难，六架雄鹰非等闲。夏去疆南迎酷暑，冬来漠北盼严寒。结冰遍向神州觅，风侧单吹嘉峪关。莫道审查多峻厉，成功取证尽欢颜！11月29日，中国民航局向中国商飞公司颁发C919生产许可证。2023年5月28日，由C919执飞的MU9191航班从上海虹桥机场起飞，在北京首都机场平稳降落，顺利完成这一机型全球首次商业载客飞行。

C919的竞争机型是波音737和空客A320，这是整个民用航空市场上占有量最大的机型。国产大飞机研发成功，意味着全球民航开启由空客（Airbus）、波音（Boeing）、中国商飞（COMAC）构成的ABC新格局。C919商业运营后，承载着中国人的大飞机梦想在蓝天翱翔，让“出口10亿双袜子才能换回一架波音飞机”的尴尬不再重演，使国家安全更有保障。

C919

C919
← R2 G
↖G G1
H2

03 >>> 仰望“北斗”

作家叶永烈曾在20世纪60年代写了一本科幻小说《小灵通漫游未来》。书中的小记者小灵通漫游到未来农场，各种先进的自动化设备令他大开眼界。而在今天，科幻小说里的不少场景已变成现实。青海省海南藏族自治州贵南县过马营镇地处海拔3300多米的高原，春播时节，这里的耕地上几乎看不到什么人，一台台搭载北斗卫星导航系统（以下简称北斗系统）的大型农机正在不分昼夜地耕种。有了北斗助力，传统农机晚上不能播种的问题得以解决，精准播种、提高播种效率、延长播种时间等各种优势让农民喜笑颜开。高原地区降水稀少，春季“水贵如油”，有了高

效率高质量的播种，抢到了春播的先机，就为实现丰收打下了基础。上述场景只是北斗若干丰富应用的一个方面。现如今，北斗已经成为国之重器。仰望“北斗”，回想起北斗从无到有的崛起之路，有感动，更有骄傲。

搭载北斗卫星导航系统的播种机在棉田作业

◎●◎ 从无到有

在北斗系统出现之前，能够覆盖全球的卫星导航定位系统只有美国的GPS系统和俄罗斯的格洛纳斯系统，以至于提到导航，人们一般都会想到GPS，甚至把GPS等同于导航。

卫星导航系统在若干领域有着广泛应用。没有自己的导航系统，很大程度上会受制于人。如果出现故障导致服务中断怎么办？如果不提供更高精度的导航怎么办？如果人为关闭系统怎么办？有些情况不是没发生过。20世纪90年代，我国一艘商船在公海航行时，被无故关闭了GPS信号，由于辨别不了方向，无奈在海上停留了三周左右。卫星导航系统

北斗卫星导航系统是中国着眼于国家安全和经济社会发展需要，自主建设、独立运行的卫星导航系统，是为全球用户提供全天候、全天时、高精度的定位、导航和授时服务的国家重要空间基础设施。

自古以来，北斗星是人们辨识方位的依据，用北斗来命名我国自己的卫星导航系统也就十分贴切了。

的军事功能同样不能忽视。美国在海湾战争中借助GPS卫星导航系统，实现对目标的精确打击，连美国人自己都难以置信。然而对于没有卫星导航系统的国家来说，这无疑是一件令人恐惧的事情。正因如此，我国在20世纪90年代正式启动北斗系统的建设工作。

◎●◎ 三步走

基于国情国力和研制难度，北斗系统按照分步建设思路稳步推进。

——第一步，建设北斗一号系统（也称北斗卫星导航试验系统）。该工程于1994年正式启动建设。2000年建成系统并投入使用，为中国用户提供服务。

——第二步，建设北斗二号系统。该工程于2004年启动建设。2012年年底，完成卫星发射组网，为亚太地区用户提供服务。

——第三步，建设北斗三号系统。该工程于2009年启动建设。2020年6月，完成卫星发射组网，为全球用户提供服务。

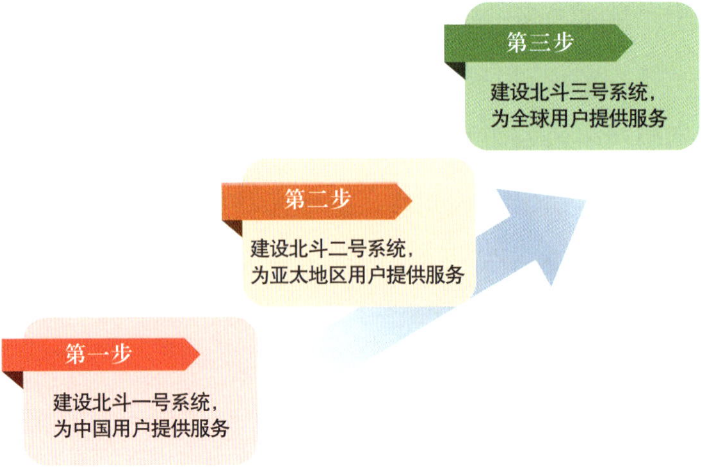

北斗系统按照分步建设思路稳步推进

从1994年到2020年，在这26年里，北斗人迎难而上、敢打硬仗、接续奋斗。为了确保安全，实现核心器部件百分之百国产化；为了保证质量，攻克160余项关键核心技术；为了万无一失，不放过任何一个细节；为了实现北斗梦想，400多家单位、30余万名科研人员聚力攻关，2名“两弹一星”元勋和几十名院士领衔出征。北斗三号工程副总设计师、卫星首席总设计师曾在一期节目中讲道：“北斗团队发现卫星上的一台时频设备偶尔会出现1纳秒的跳动。1纳秒是10的负9次方秒，对于卫星系统而言，1纳秒的跳动会造成0.3米的偏差，到达地面就可能从开始的6米、10米变成20

米、30米的偏差。因为这1纳秒，北斗团队花了很大力气去查找原因，这是北斗人眼里难以容下的1纳秒。”

2020年7月31日，北斗三号全球卫星导航系统建成暨开通仪式在北京举行，习近平总书记出席并宣布北斗三号全球卫星导航系统正式开通。这标志着我国建成独立自主、开放兼容的全球卫星导航系统，成为世界上第三个独立拥有全球卫星导航系统的国家。

北斗卫星发射升空

◎●◎ 大显身手

北斗作为导航系统，看似只有定位、导航、授时等几种功能，但是千万别小看了，用处大着呢。时间和空间信息与人们的生产生活息息相关，因此，北斗的应用场景无处不在，能够派上大用场。

比如，现在各行各业的信息化程度越来越高，各种系统要保持高度配合，一个大前提就是时间一致，早一秒晚一秒都不行。那如何保证时间一致呢？北斗的授时服务就能解决这个问题。

比如，利用北斗的定位导航服务，人们可以顺利到达目的地，这给出行带来了极大的便利。此外，道路营运车辆安装使用北斗系统后，可以获取车辆的行驶轨迹、运行状态，实时监测超速驾驶、疲劳驾驶等情况，进而降低事故率。

比如，利用北斗的精准定位，共享单车定位精度从1米至10米提高到10厘米至1米，不会出现根据定位找到的共享单车却在围墙里的尴尬。

比如，短报文通信功能是北斗的“独门绝技”。利用北斗特有的短报文通信功能，在没有信号的地方仍可以对外联络，发送文字和位置信息，解决了“不在服务区”的困境。

对于救灾减灾、野外救援、远洋渔业来说，这个功能的用处就很大，紧急时刻是可以救命的。

其实，北斗的应用场景无处不在，出行、农业、基建、运输、测绘、野生动物保护、智慧城市、搜救、国防等都要用到它。北斗的功能看似是有限的，但是它的应用场景是无限的，更多应用场景期待同学们来探索。

习近平总书记在党的二十大报告中指出："全方位夯实粮食安全根基，全面落实粮食安全党政同责，牢牢守住十八亿亩耕地红线，逐步把永久基本农田全部建成高标准农田，深入实施种业振兴行动，强化农业科技和装备支撑，健全种粮农民收益保障机制和主产区利益补偿机制，确保中国人的饭碗牢牢端在自己手中。"民以食为天。中国有14亿多人口，每天一张嘴，就要消耗70万吨粮。要是粮食供应不上，问题可就大了。全球每年粮食贸易量只相当于我国粮食需求的一半，即便把国际市场上的谷物都买过来，还不够我们吃半年。怪不得有外国人提出这样的疑问："21世纪，谁来养活中国人？"2022年3月6日下午，习近平总书记在看望参加全国政协会议的农业界、社会福利和社会保障界委员时说："中国要靠自力更生，自己养活自己！"自己养活自己，就得保证有足够的食物能满足需求，而要做到这一点，离不开种子和耕地。

中国种子、中国粮食

01 >>> 从无籽西瓜说起

> 联合国粮农组织的研究表明，未来国际粮食总产增长的20%依靠播种面积的增加，80%依赖于单产水平的提高，而单产提高的60%~80%又来源于良种的科技进步。

西瓜味道甜、水分足，炎热的夏天吃上一口西瓜，那真是清爽解渴、清热解暑。中国是世界上最大的西瓜生产国和消费国，中国人每年吃掉全球70%的西瓜。西瓜虽好吃，但是吐籽挺麻烦。“去籽小妙招”“这样挑瓜少籽好吃”……各种招数轮番登场。当然，最简单的办法就是直接选择无籽西瓜。吃西瓜希望籽越少越好，但西瓜籽是西瓜的种子，种西瓜可离不开它。种子对农业生产至关重要，种西瓜需要种子，种其他农作物也需要种子。一粒种子虽小，关系可不小。对农民而言，关系到一年收成；对国家而言，关系到国家安全。

◎●◎ 小小种子也有技术含量

农作物要丰收，就要有好种子。种子是农业的“芯片”，没有好的种子，农民再勤劳，技术、设备再先进，都很难提升农作物的产量和品质。难怪农民说：“种子不好，丰收难保。”

其实，小小的种子也有技术含量。为了培育出好种子，农业科学家们利用技术手段对种子进行改良。通过种子改良，不仅提高了产量，还能增强农作物抵御虫害、旱灾的能力，适应不同土壤、气候条件的能力。比如常见的白萝卜，种子不同，差异就很大。好的白萝卜种子，种出来的白萝卜品相好，口感好，还耐储藏。再来看尖椒，普通种子种出来的尖椒最多采两茬，好的种子可以采三茬，而且在市场上很受欢迎，虽然价格卖得高，但销量很好。

◎●◎ 种子也会被“卡脖子”

以前，农民都会保留一些种子用于第二年种植，后来发现在种子公司买的种子产量更高，作物长得也好。不过唯一

豆类种子

的问题就是不能留种，要是留一些种子到第二年播种，后代作物的长势并不好，产量也不高。因此每年到播种的时候，农民就要去买种子。从技术上讲，不能留种是因为买来的种子是改良过的。育种时利用杂交技术对种子进行改良，这样做提高了产量，提升了品质，不足之处就是作为自留种后，作物的产量和品质都得不到保证。

不能留种就得每年购买，这也引出一些问题。中国是农业大国，对种子的需求量很大，但是国产种子的质量还参差不齐。水稻、小麦单产在世界上处于前列，但大豆、玉米亩产相当于国际先进水平的三分之二，诸如瓜果蔬菜等不少种子只能依赖进口。进口种子的价格并不便宜，甚至还流传着这样一句话“国产种子论斤卖，进口种子按粒买”。一粒进口番茄种子要15元，一克大约100粒，就是1500元，比1克黄金的价格要高好几倍。更为紧要的问题在于，美、法、德等西方国家的种业公司几乎控制着世界上绝大多数种子的供应，如果国外种业公司不卖给我们，那不就被“卡脖子”了吗？

◎●◎ 做强中国种子

避免种子被“卡脖子”，保障国家种子安全，就要做强中国种子，靠自己培育出好的种子。为此，国家出台支持种业的政策，全面实施种业振兴行动。以海南、甘肃、四川三大国家级育制种基地为核心，制种大县和区域性良种繁育基地为骨干打造种业基地“国家队”，覆盖了粮、棉、油、糖、果、菜、茶等重要农作物。比如，在海南，每年春、冬两季，有来自29个省份的上万名科技人员到这里开展育种工作。2021年5月，国家在三亚专门成立崖州湾种子实验室，致力于突破种子创新“卡脖子”关键核心技术。

海南省崖州湾种子实验室

太空育种同样为做强中国种子助力。太空育种也叫航天育种，具有有益的变异多、高产、优质、抗病力强等特点，有助于培育品质优良的新品种。我国太空育种研究可追溯到20世纪80年代，在这个领域已走在世界前列。2022年12月4日，随着神舟十四号载人飞船返回舱成功着陆，经历了120天全生命周期的水稻和拟南芥种子，也一起搭乘飞船返回舱从太空归来。我国在国际上首次完成水稻“从种子到种子”

神舟十四号带回国际首次在轨获得的水稻种子

全生命周期空间培养实验。

当然，育种是一个周期长、成功率低的工作。做强中国种子，保障国家种子安全，绝非一朝一夕之功，需要一代又一代人接续奋斗。

农作物育种需要5~10年的时间，要是大的品种，花费的时间就更多了。时间花得多，不代表成功率高，新品种培育的成功率不到1‰，科研人员一辈子要是能研究出一两个品种就很厉害了。

02 禾下乘凉梦

在中国，提到粮食，大家就会想到杂交水稻，想到袁隆平。袁隆平被誉为“杂交水稻之父”，是享誉海内外的著名农业科学家，中国杂交水稻事业的开创者和领导者。他一生致力于杂交水稻技术的研究、应用与推广，发明“三系法”籼型杂交水稻，成功研究出“两系法”杂交水稻，创建了超级杂交稻技术体系，为我国粮食安全、农业科学发展和世界粮食供给作出了杰出贡献。

袁隆平爷爷的梦想

出生于1930年的袁隆平经历过战乱和饥饿，目睹过满目疮痍和街边饿殍，因此让天下人都有饭吃的理想在童年时期便生根发芽。报考大学的时候，他毅然选择了学农。母亲得知后，吓了一跳，劝他说，傻孩子，学农多苦啊，你以为好

袁隆平院士雕像

玩儿呢？为了说服母亲，他还摆出大道理：吃饭可是天下第一桩大事，没有饭吃，人类怎么生存？最后，父母尊重了他的选择。袁隆平后来回忆说："我是真正爱上了农业，死活要学。"

1949年，袁隆平如愿进入西南农学院（现西南大学）农学系农作物专业学习。1953年毕业后服从统一分配，到湖南省安江农业学校任教。1961年7月的一天，袁隆平下课后到试验田选种，看到一株与众不同，穗大、颗粒饱满的稻株。这次偶然发现的"天然杂交稻株"给了他很大启发：如果人工培育出杂交水稻，或许就能提高水稻产量。从此以后，他义无反顾地开始了漫长而又艰难的杂交水稻研究之路。一个个来自"权威"的指责没有让他放弃，一次次实验的失败没有让他气馁。1975年，通过科研协作攻关，袁隆平带领团队成功培育出杂交水稻。农民说："稻种换一换，稻谷多一担。"稻谷增产的方式很多，但最为重要的因素就是良种。有了杂交水稻，中国的稻谷产量显著增加，当时有人统计过，杂交水稻比常规稻增产20%左右。1976年至1987年，中国的杂交水稻累计增产1亿吨以上，每年增产的稻谷可以养活6000多万人。

日有所思，夜有所梦。袁隆平毕生研究水稻，有时做梦还会梦到水稻。他说，自己曾梦见水稻长得有高粱那么高，穗子像扫把那么长，颗粒像花生那么大，而我则和助手坐在稻穗下面乘凉。其实“禾下乘凉梦”就是袁隆平毕生追求的杂交水稻高产梦，让人们吃上更多的米饭，永远都不再饿肚子。

◎●◎ 追求高产更高产

曾经有国外的经济学家认为，随着人口的增长，中国将出现粮食短缺，甚至导致世界性的粮食危机。还有人提出，未来全球粮食的产量都未必能养活中国。地就那么多，粮食需求却不断增长，这可怎么办？提高水稻的产量，是有效的解决办法。

袁隆平没有自我满足，而是将全部精力倾注在杂交水稻事业上，追求高产更高产。为了研究杂交水稻，他每天都要去稻田观察水稻长势、开展科学研究，一年中至少有三分之一的时间在稻田。袁隆平经常说：“水稻专业是一门应用科学，电脑里长不出水稻，书本里也长不出水稻，要种出好水稻必须得下田。”许多研究生新生都是在稻田第一次见到袁隆平，大家感觉他看起来更像一个地地道道的农民。

2018年4月12日，习近平总书记来到位于海南三亚的国家南繁科研育种基地。习近平总书记走进超级水稻展示田，指示："要下决心把我国种业搞上去，抓紧培育具有自主知识产权的优良品种，从源头上保障国家粮食安全。"袁隆平满怀信心地说：杂交稻亩产1000千克，没问题！2019年9月29日，当向袁隆平颁授"共和国勋章"时，习近平总书记问道：有什么进展？袁隆平信心满满地说：我们正在向亩产1200千克冲刺！2020年90岁生日时，袁隆平许下杂交水稻双季亩产突破1500千克的心愿。

◎●◎ 作出杰出贡献

有人说，我们多挣钱，要是粮食不够了，进口不就行了吗？其实不然，一旦粮食依赖进口，就会被别人牵着鼻子走。国际上一有情况，各国就先捂住自己的"粮袋子"。比如新冠疫情发生后，有18个国家限制粮食等农产品出口，全球供应链受冲击，一度引发恐慌，造成粮食价格大幅波动。袁隆平深知粮食的重要性，他在一次采访中说："一粒粮食能够救一个国家，也可以绊倒一个国家。要把中国人的饭碗牢牢地掌握在中国人自己手里。"

■ 袁隆平查看杂交水稻长势

我国有着悠久的水稻种植历史，但是一直没能真正解决吃饭问题。杂交水稻的出现改变了这一状况，每亩水稻产量从20世纪60年代的400千克跃升到现在1000多千克，解决了十几亿人的吃饭问题，让大家不再为没饭吃而发愁。这是一个历史性的变化。杂交水稻不仅影响中国，还影响世界。杂

袁隆平不仅是我国杂交水稻研究领域的开创者和带头人，更是世界著名的杂交水稻专家，得到了国内外高度评价。

“共和国勋章”获得者事迹简介写道：“（他）为我国粮食安全、农业科学发展和世界粮食供给作出杰出贡献。”

联合国评价说：“袁隆平院士为推进粮食安全、消除贫困、造福民生作出了杰出贡献！”

国际水稻研究所所长斯瓦米纳斯评价说：“他的成就不仅是中国的骄傲，也是世界的骄傲。他的成就给世界带来了福音！”

交水稻已在国外推广种植40多年，惠及数十个国家和地区，有力提升了当地的水稻产量和粮食安全水平。

2021年5月22日，袁隆平在长沙逝世。他生前曾说：“我觉得，人就像一粒种子。要做一粒好的种子，身体、精神、情感都要健康。种子健康了，我们每个人的事业才能根深叶茂，枝粗果硕。”“人就像种子，要做一粒好种子”这句话镌刻在墓地边的巨石上，激励着后人继续奋斗。

03 >>> 像保护大熊猫那样保护耕地

习近平总书记指出：“极而言之，保护耕地要像保护文物那样来做，甚至要像保护大熊猫那样来做。”“民非谷不食，谷非地不生。”耕地是粮食生产的命根子，保障国家粮食安全的根本在耕地。只有把有限的耕地保护好，才能保证种出足够的粮食养活自己。

◎●◎ 耕地是我国最为宝贵的资源

手中有粮，心里不慌；手中有地，心里有底。粮食生产需要耕地，农民劳作需要耕地。有田耕种，粮食生产就有保障，大家吃饭就有保障，农民生活就有保障。毫不夸张地说，耕地是我国最为宝贵的资源。

我们国家人口多，耕地少，人地矛盾十分突出，户均耕地规模仅相当于欧盟的四十分之一、美国的四百分之一。“人均一亩三分地、户均不过十亩田”，这是我国许多地方人地资源关系的真实写照。为此，我国把“十分珍惜和合理利用每寸土地，切实保护耕地”作为必须长期坚持的一项基本国策。1986年6月25日，我国出台了第一部专门调整土地关系的法律《土地管理法》。为纪念这一天，1991年5月24日，国务院第83次常务会议决定，从1991年起，把每年的6月25日确定为全国土地日。全国土地日是国务院确定的第一个全国纪念宣传日，中国成为世界上第一个为保护土地而设立专门纪念日的国家。

保护耕地形势严峻

我国用不到世界十分之一的耕地养活了世界近五分之一

的人口，这是了不起的成绩。不过成绩归成绩，还需要清醒看到保护耕地的严峻形势。

在一些地方，破坏、占用耕地的情况时有发生。比如，良田不种粮食，种植经济作物，或者发展养殖业。把耕地用来种西瓜、种苗木、种花、种果树、挖塘养鱼等，曾经的产粮村变成了西瓜村、苗木村、花卉村……这是为什么呢？原因很简单，搞这些比种粮食更赚钱。就像有的村民所说：“一亩西瓜的收入可以顶两亩的粮。”再比如，存在良田荒废、占用的情况。农民外出务工，家里的田就荒着了；城市要发展，土地就被占用了；有些农户的耕地少，干脆就不管了。这里少一点，那里少一点，加起来就很多。破坏容易，恢复难。就像东北黑土地，400年才能形成1厘米。如果良田一直减少，我们赖以吃饭的家底就没有了，粮食从哪里来？

三江平原夏季农田

◎●◎ 守住18亿亩耕地红线

王炳全是河南省扶沟县白潭镇吴岗村党支部书记，他还有一个身份——村级田长。田长是什么？干什么？他是耕地保护的责任人。每周一吃过早饭，王炳全就骑着电动车到田间地头转一转，查看1000多亩耕地情况。村民王继周有4亩地，但是常年在外务工，家里的土地顾不上耕种，后来干脆买了60棵果树苗栽到地里。王炳全发现后及时制止，上门做工作，讲政策。王继周想通后主动移走了田里的果树苗，通过村里的协调把4亩地流转给了本村的种粮大户。

我国城镇化发展迅速，建设用地需求快速增加，如果没有补充新耕地，耕地自然会越来越少。为此，国家出台占用耕地补偿制度。具体来说，建设占用了多少耕地，各地政府就应补充划入多少数量和质量相当的耕地，占多少补多少，占了好的就要补偿好的。要是没有补怎么办？占用了好的，划入了差的，又怎么办？为确保补充耕地真实，自然资源部还要主动公开报备的补充耕地项目与地块信息，接受社会监督。

无论是田长制还是占用耕地补偿制度，都是为了保护耕地。研究认为，中国耕地数量的底线是18亿亩，一旦少

18亿亩耕地红线是怎么算出来的呢？18亿亩是综合经济发展、人口状况、粮食单产等因素测算划定的。考虑到复种指数，18亿亩耕地对应每年的农作物播种面积为24亿亩。其中，粮食播种面积约17亿亩，其余用于棉、油、糖、菜等种植。

于这个数字，吃饭就会成为问题。18亿亩耕地是一个具有法律效力的约束性指标，是不可逾越的一道红线，必须通过落实“长牙齿”的耕地保护硬措施，严防死守耕地红线。党的二十大报告强调：“牢牢守住十八亿亩耕地红线，逐步把永久基本农田全部建成高标准农田。”这一强调再次彰显出严格保护耕地的决心，有助于把粮食安全的基础夯得更实。

习近平总书记在党的二十大报告中指出：“推动经济社会发展绿色化、低碳化是实现高质量发展的关键环节。加快推动产业结构、能源结构、交通运输结构等调整优化。”石油、煤炭等化石能源越用越少，只有减少对化石能源的依赖，才能实现可持续的能源供应，确保能源安全。气候变化问题越来越严峻，只有减少二氧化碳等温室气体的排放，才能维护气候安全、生态安全。有效的解决办法就是大力发展风能、太阳能、水能等无污染、可再生的绿色能源。当然，绿色能源发展速度再快，也赶不上消耗的速度，还要大家一起节约使用能源，让我们的生活更美好，让地球变得清洁美丽。

追求绿色能源

01 能源的绿色未来

能源领域是温室气体排放的主要来源。二氧化碳和常规污染物的排放大部分来自煤炭、石油等化石能源的燃烧和利用。对此，我国大力开发利用风能、太阳能、水能等非化石能源，推进能源低碳转型，开创能源的绿色未来。

《“十四五”现代能源体系规划》指出，“十四五”时期，我国能源低碳转型成效显著。单位GDP二氧化碳排放五年累计下降18%。到2025年，非化石能源消费比重提高到20%左右，非化石能源发电量比重达到39%左右，电气化水平持续提升，电能占终端用能比重达到30%左右。展望2035年，非化石能源消费比重在2030年达到25%的基础上将进一步大幅提高。

◎●◎ 风生水起的风电

2022年6月29日，中国广核集团内蒙古兴安盟300万千瓦风电项目一期100万千瓦并网发电，标志着我国首个单体百万千瓦级陆上风电基地正式投产，装机容量相当于一台核电机组。这是我国风电产业快速发展的一个缩影。2012年我国风力发电为1008亿千瓦时，而到了2021年，风电装机容量达到约3.28亿千瓦，风力发电为6526亿千瓦时，占全社会用电量的7.9%。

风能是人类最早利用的能源之一，风车、帆船都是利用了风能。但是，在过去很长一段时间，风能利用技术的发展却相当缓慢，直到风力发电技术的出现才改变了这种状况。风能取之不尽、用之不竭，通过风力发电机，可以把风的动能转化为电能。风力发电环保无污染，在草原、山区、高原、海上等常年有风的地方都可以因地制宜开发利用，成为摆脱化石能源依赖、保护生态环境的可行选项。

风电分为陆上风电和海上风电。最好的风电场在海上，海上风力资源巨大，不用考虑土地因素，辽阔的海面适合大规模开发。沿海地区电力需求大，不需要远距离电力运输。除此之外，海上风电的发电利用效率更高。据统计，我国海上风电年平均利用小时数约2500小时，比陆上风电年平均利用小时数高出约500小时。虽然海上风电的开发和运营成本要比陆上风电高很多，但这没有阻挡住人们探索海上风电的步伐。在江苏盐城近海海域，一根根高耸的海上风力发电机整齐排列，迎风转动。风力发电机发出的电通过海底电缆接入陆地上的变电站，再通过变电站升压之后并入电网。在整个江苏海域，海上风电集群并网，装机容量达到1000万千瓦，基本可以满足一座大型城市的用电需求。这样的风电场在我国近海还有不少。这些年来，我国沿海岸线从南到北建设了多座大型海上风电场，海上风电装机规模已跃居世界第一。

■ 陆上风电

海上风电

◎●◎ 前景光明的光伏

光伏是光伏发电系统的简称，可以将太阳能直接转化成电能。太阳能取之不尽、用之不竭，因此光伏发电无枯竭风险，同时还有无噪声、无污染、无辐射等优势。2021年，我国光伏发电装机容量达到3.06亿千瓦，相当于13个三峡电站的装机容量，连续7年稳居世界第一，光伏发电为3259亿千瓦时。

我国光伏发展坚持“两条腿”走路，既有集中式，也有分布式。比如，在沙漠、戈壁、荒漠等地区进行光伏发电集中式开发，把闲置的土地资源利用起来。而在办公大楼、交通枢纽、学校、医院、工业园区、经济开发区等面积充裕的屋顶进行分布式开发，把闲置的空间资源利用起来。我国还把光伏发电与脱贫攻坚、乡村振兴、生态保护、文化旅游、产业发展等结合起来。位于青海省的塔拉滩生态光伏发电园区有数百平方千米之大，探索出了“光伏+生态治理+生态牧业”的建设模式。这里曾经是戈壁荒滩，有了光伏板遮阳，地表水分蒸发变少，牧草长了出来，加上清洗光伏板的水还能浇水，牧草长势良好。羊群们时而过来吃草，时而追逐奔跑，让牧民们感到十分欢喜。

集中式光伏

分布式光伏

◎●◎ 潜力巨大的水电

发展水电不仅能够提供清洁电力，还能在防洪、航运、灌溉、供水、养殖等方面发挥重要作用。我国地势西高东低，大江大河自西向东奔流入海，蕴藏着得天独厚的水能资源。从中国第一座水电站——石龙坝水电站算起，我国水电利用已有110多年的历史，水电行业发展较为充分。当然，这并不意味着我国水电的潜能开发殆尽。据推算，我国水能资源技术可开发装机容量约6.87亿千瓦，而截至2021年年底，全国水电装机容量约3.91亿千瓦，水电开发仍有一定的空间。

白鹤滩水电站

当前，我国正在科学有序地推进大型水电基地建设，金沙江上游、雅砻江中游、黄河上游等河段水电项目陆续开工建设。2022年5月20日上午，位于金沙江的白鹤滩水电站最后一台百万千瓦机组9号机顺利通过无水联合调试，标志着水电站16台百万千瓦机组安装工作全部完成。白鹤滩水电站是实施“西电东送”的国家重大工程，由中国三峡集团公司投资建设，完全由我国自主设计、制造、安装。全面建成投产后，将成为仅次于三峡水电站的世界第二大水电站，能够满足约7500万人一年的生活用电需求，可替代标准煤约1968万吨，减排二氧化碳约5200万吨。

值得一提的是，我国正加快抽水蓄能电站的开发建设。抽水蓄能电站好比超级“充电宝”，用电低谷时通过电力将水从下水库抽至上水库，用电高峰时再从上水库放水发电，实现灵活调节电源。抽水蓄能是世界各国保障电力系统安全稳定运行的重要方式，我国已建和在建规模均居世界首位。国家能源局发布的《抽水蓄能中长期发展规划（2021—2035年）》提出：到2025年，抽水蓄能投产总规模6200万千瓦以上；到2030年，投产总规模1.2亿千瓦左右。

我国地域辽阔，但能源资源的空间分布极不均衡，客观上需要进行跨区域调配。“西电东送”是我国一项重大的能源发展战略，是西部大开发的标志性工程。西电东送工程将西部丰富的水电和火电资源开发出来，通过电网向东输送到电力紧缺的华北、华中、华东、华南等地区。

西电东送工程分为北线、中线和南线三大片区。北线由内蒙古、陕西等省区向华北电网输电；中线由四川等省向华中、华东电网输电；南线由贵州、云南、广西等省区向华南电网输电。

2000年11月8日，贵州省洪家渡水电站、引子渡水电站、乌江渡水电站扩机工程同时开工建设，我国西电东送工程全面启动。西电东送工程对于优化能源资源配置、推动区域协调发展、改善生态环境等都具有重要意义。

02 >>> 大街上绿色车牌越来越多

2021年5月19日，我国某新能源汽车企业举行第100万辆新能源汽车下线仪式，成为首个新能源汽车“百万辆俱乐部”的中国品牌。2022年5月、11月，该企业又先后举行了第200万辆、第300万辆新能源汽车下线仪式。从第1辆新能源汽车到第100万辆，用了十余年；而从100万辆到200万辆，只用了1年；从200万辆到300万辆，仅用了半年。据统计，2022年我国新能源汽车产量达705.8万辆，已连续8年位居全球第一。2023年7月3日，我国新能源汽车第2000万辆下线仪式在广州举行，标志着我国新能源汽车在产业化、市场化的基础上，迈入规模化、全球化的高质量发展的新阶段。发展新能源汽车是我国从汽车大国迈向汽车强国的必由之路，也是应对气候变化、推动绿色发展的战略举措。随着新能源汽车走进千家万户，大街上“青草绿”的绿色车牌越来越多了。

◎●◎ 研发问世

人们日常生活中所说的新能源汽车一般多指电动汽车。当然，新能源汽车也有完整、准确的定义。根据2020年工业和信息化部出台的《新能源汽车生产企业及产品准入管理规定》，新能源汽车是指采用新型动力系统，完全或者主要依靠新型能源驱动的汽车，包括插电式混合动力（含增程式）汽车、纯电动汽车和燃料电池汽车等。

早在2001年，我国就启动了新能源汽车重大科技专项，集中企业、高校等力量开展新能源汽车核心技术的研发。研发新能源汽车，既有中国汽车产业自主创新的内生动力，也有实现节能减排，应对能源危机、气候变暖等现实需要，因此，政府、企业、高校都有积极性。

2008年，我国自主研发的新能源汽车亮相北京奥运会，为奥运会提供运输服务，实现了奥林匹克中心区域交通“零排放”，传递出绿色奥运、科技奥运的理念。2010年，在上海世博会上，1017辆新能源汽车进行示范运行，再次经受住了考验。从2009年到2010年，我国启动了以公交车、出租车为主的“十城千辆”新能源汽车推广活动。2010年6月，财政部等多部委联合印发《关于开展私人购买新能源汽车补贴试点的通知》，加大政策支持力度，充分调动消费者购买新能源汽车的积极性，推动新能源汽车加快进入私人消费市场。新能源汽车作为未来汽车发展方向的趋势越来越清晰。

专用号牌

为了更好地区分识别新能源汽车，实施差异化交通管理，2016年4月，公安部交通管理局设计了新能源汽车号牌

> 新能源汽车号牌编码规则为第一位的汉字是各省、自治区、直辖市的简称，第二位的字母代表发牌机关代号，第三位到第八位是序号。
>
> 为了对不同车辆类型实行分段管理，序号中增加了代表车辆类型的字母。字母“D”“A”“B”“C”“E”代表纯电动汽车，字母“F”“G”“H”“J”“K”代表非纯电动汽车（包括插电式混合动力汽车和燃料电池汽车等）。
>
> 小型汽车号牌中代表车辆类型的字母（如“D”或“F”）位于号牌序号的第一位，大型汽车号牌中代表车辆类型的字母（如“D”或“F”）位于号牌序号的最后一位。

式样，向社会公开征求意见。12月1日起，在上海、南京、无锡、济南、深圳5个城市率先试点启用，此后在全国逐步铺开，并于2018年上半年全面启用。

新能源汽车号牌以绿色为主色调，体现出“绿色环保”的寓意，共分为两种，其中渐变绿色的是小型新能源汽车号牌，黄绿双拼色的是大型新能源汽车号牌。同普通汽车号牌相比，新能源汽车号牌不仅颜色不同，号码也有差异。新能源汽车号牌号码增加了1位，由5位升为6位。升位后，号牌号码容量增大，可以满足“少使用字母、多使用数字”的编排需要。

通过号牌，我们可以看出很多车辆信息。比如，粤B·D12345是广东省深圳市的车牌，是一辆小型纯电动汽车；鲁A·12345F是山东省济南市的车牌，是一辆大型非纯电动汽车。

新能源汽车专用号牌（手绘）

◎●◎ 快速发展

汽车尾气排放对大气环境的影响很大。据测算，1辆出租车与10辆社会车辆的排放量相当。在山西省会太原，新能源出租车是这里绿色出行的一张亮丽名片。2015年年底，太原市六城区大部分出租车陆续到达报废期限。为了打赢蓝天保卫战，改善大气环境质量，太原市政府抓住这次出租车集中到期更换的机会，决定将8000多辆出租车全部更换为纯电动汽车。2016年，出租车更换完毕。据推算，全市

正在充电的新能源公交车

8000多辆纯电动出租车每年可减少二氧化碳排放20万吨，减少一氧化碳21176吨、碳氢化合物2451吨、氮氧化物3478吨。在老百姓看来，太原的蓝天白云在增多，空气质量在变好，太原人实实在在感受到新能源汽车对节能减排、污染防治的环境效益。继出租车实现纯电动化后，太原市区公交车也开始更新换代，全部换成纯电动公交车。

2018年，国务院印发的《打赢蓝天保卫战三年行动计划》对“推广使用新能源汽车”作出部署。2019年，中共中央、国务院印发的《交通强国建设纲要》提出：“优化交通能源结构，推进新能源、清洁能源应用，促进公路货运节能减排，推动城市公共交通工具和城市物流配送车辆全部实现电动化、新能源化和清洁化。”2020年，国务院办公厅发布《新能源汽车产业发展规划（2021—2035年）》。为促进新能源汽车产业发展，国家对符合条件的新能源汽车实行免征车辆购置税、财政补贴等优惠政策，而各地的支持政策更是丰富多样。

现如今，新能源汽车的续航里程、操控性、智能化、舒适度、售后服务等都有很大提升，消费者对新能源汽车的购买热情有增无减。我国新能源汽车年销量从2012年的1.3万辆快速提升到2021年的352.1万辆，2022年继续保持增长势头，达到688.7万辆。据公安部统计，截至2022年年底，全国新能源汽车保有量达1310万辆。

经过从无到有、从有到优的发展，我国在新能源汽车领域已掌握电池、电机、电控等核心技术，建立涵盖基础材料、零部件、制造装备等全链条产业体系，成为引领全球汽车产业转型升级，推动绿色出行、环境保护的重要力量。

03 也谈“地球一小时”

“地球一小时”是颇有影响力的全球性环保活动。有人说“地球一小时”是一场“秀”，实际意义不大。也有人说“地球一小时”传播了低碳的理念，有理念才会有行动。“地球一小时”有意义吗？我们怎么认识“地球一小时”活动呢？

发出倡议

认识“地球一小时”，还得从气候变化讲起。大家对气候变化、全球变暖这些词并不陌生。随着二氧化碳等温室气体排放不断增多，全球气候发生了很大变化，最突出的表现就是气温升高。2020年全球平均温度较工业化前水平高出约1.2℃，2011年至2020年是有记录以来最暖的10年。全球变暖后，生存危机、生态危机接踵而至。温度升高后，南、北极的冰雪就会融化，南、北极的动物们何去何从？冰雪融化还会导致海平面上升，上升到一定程度后，海岛、沿海城市就会被淹没。

或许有人会觉得我又不生活在海边，变暖和我有什么关系呢？其实不然，气候变化已影响到全人类。大家都感到近些年来极端高温、极端低温、极端降水、极端干旱等极端天气气候事件没有消停过。高温会导致森林火灾频发，洪涝或者干旱则会导致粮食减产，极端天气气候事件带来的严峻挑战不胜枚举。极端天气气候事件并不正常，背后同气候变化是有关系的。科学家研究发现，“气温每增加1℃，整个大气里的含水量会增加7%，这样在全球变暖背景之下，我们的大气里会含有更多的水分，整个大气水分的循环会更加剧烈”。

气候变化的直接原因是二氧化碳等温室气体增多，那么，要遏制全球变暖的趋势，就得减少温室气体排放，也就是人们常说的低碳。面对气候变化这一人类共同的挑战，没有哪个国家、哪个人可以独善其身。2007年，世界自然基金会向全球发出倡议，呼吁个人、企业、社区和政府在每年3月最后一个星期六20：30—21：30期间熄灭不必要的电灯，以此来引起人们对气候变化问题的警惕，激发人们保护地球

“地球一小时”活动激发人们保护地球的责任感

的责任感，凝聚起全球共同抵御气候变暖的力量。可以说，“地球一小时”用最简便的方式发出了应对气候变化的最强音。

◎●◎ 全球响应

首次“地球一小时”活动于2007年3月31日在澳大利亚悉尼展开，超过220万人参与了这次活动。人们惊讶地发现，熄灯后看到的星星比平时要多很多。活动结束后，澳大利亚媒体纷纷报道节能成果——节省的电能足够20万台普通电视使用1小时，相当于1个小时路上少跑了48613辆汽车。此后，活动的影响力越来越大、参与的国家越来越多，成为全球最大的应对气候变化行动之一。每年3月，“地球一小时”都会带着精心设计的主题如期而至。例如，2021年的主题是“为地球发声　与自然共生”，呼吁大家一同保护生物多样性；2022年的主题是“行动！共创未来”，鼓励大家采取切实的环保行动，携手共创一个公平的、碳中和的、自然向好的未来。

2009年3月28日20：30，国家体育馆、东方明珠等标志性建筑陆续关灯，标志着“地球一小时”活动在中国正式展开。当天，北京、上海、香港等10余座城市参加了这次活动，一同熄灯1小时。十多年来，位于山东青岛的宁安路小学每年都会围绕“地球一小时”开展丰富多彩的系列活动，“我和我的动物朋友”等主题活动让保护地球的理念在同学们心中扎根。小学生们不仅争当低碳的践行者，从日常生活中解锁绿色低碳的方式，绘制出低碳生活行动指南，还争当低碳理念的传播者，向家人、朋友传播低碳理念，带动身边人参与绿色低碳行动。

◎●◎ 全民行动

“地球一小时”作为一项全球参加、全民参与的活动，越简单越可行，越能持久坚持下来，所以小小的关灯行动能够得到世界各地的广泛响应。“地球一小时”活动，让我们看到只要人人参与，就能形成强大合力。当然，应对气候变化，保护生态环境，不应只在1小时，还需要把1小时的活动变为24小时，变为365天的全民行动。正如有媒体所评论的，“地球一小时”的意义当在“一小时”外。那么，除了关灯，我们还能做什么？光盘行动、节约用电、随手关闭电器电源、使用节能灯、循环用水、公交出行、垃圾分类、双面打印、告别一次性用品、自带购物环保袋、合理控制空调温度……这些日常生活中的小事都是可以做的。

“二氧化碳排放力争于2030年前达到峰值，努力争取2060年前实现碳中和”，这是我国应对气候变化的庄严承诺。党的二十大报告对积极稳妥推进碳达峰、碳中和进行了部署，强调实现碳达峰、碳中和是一场广泛而深刻的经济社会系统性变革。绿色低碳需要全民行动。2022年4月，国家主席习近平就气候变化问题复信英国弗朗西斯·霍兰德学校小学生，信中说：“中国各级各类学校都十分重视生态文明教育，中国小学生们都从点滴小事做起，养成节能环保的良好习惯，学习绿色低碳生活方式。”低碳节能可以让生活更美好。大家一起从自己做起、从现在做起、从小事做起，养成习惯、持之以恒，一起保护好我们共同的地球家园。

碳达峰、碳中和，简称“双碳”，是减少二氧化碳排放的两个目标。

碳达峰，指的是二氧化碳排放量达到最大值，此后排放量开始回落，不再增长。

碳中和，指的是通过植树造林、节能减排等措施，抵消二氧化碳的排放量，实现二氧化碳相对“零排放”。

习近平总书记在党的二十大报告中提出加快建设网络强国，强化包括网络在内的安全保障体系建设。对于互联网，大家再熟悉不过了。互联网让世界变成了“鸡犬之声相闻”的地球村，相隔万里的人们不再“老死不相往来”。当今世界，谁掌握了互联网，谁就把握住了时代主动权；谁轻视互联网，谁就会被时代所抛弃。在我国，网络已走进千家万户，网民规模突破10亿，我国成为名副其实的网络大国。网民规模这么大，用网的地方这么多，如何用好网络呢？如何维护网络安全呢？让互联网成果更好地惠及中国人民，造福各国人民，既要有先进的网络技术，又要有保障网络安全的能力。

迈向网络强国

01 互联网的神奇力量

城乡不同学校的同学一起上课；病人没在旁边，医生也能看病；农产品不用运往农贸市场，搬上手机直播间也能卖掉；不用去公司，在家也能办公；等公交时知道公交车还有几分钟到站……有了神奇的互联网，这些过去觉得不可能发生的事情，现在都已实现。

城乡同上课

走进湖南新晃侗族自治县一所农村小学，这里的教学条件和城里学校已无差异。在教室，可以看到黑板边多了一块屏幕，同学们通过这块屏幕正在和500千米外的长沙育英学校学生同上一堂课。大家认真听课，积极回答育英学校老师的提问。有了互联网技术的支持，城乡学校实现了同一时间、不同地点、一同上课，来自不同地方的同学一起分享优质教育资源。

如果说同步课堂让两个学校之间共享了教育资源，那么国家中小学智慧教育平台则让全国所有同学共享了优质教育资源。进入国家中小学智慧教育平台，可以看到各个年级的课程教学，既有老师的视频讲解，还有学习任务单、课后练习。如果教材没在身边，还可以翻阅平台里的电子版教材。德育、体育、美育、劳动教育等资料也应有尽有。丰富的科普教育、体育锻炼、文化艺术、经典阅读、研学实践、影视教育等资料，还利于拓宽视野。这个平台上有丰富的教育资源，而且都是免费的。平台上线以来，全国各地的学生都在使用，浏览量持续增加。

◎●◎ 医院在身边

2022年5月初，贵州兴义9岁女童婷婷（化名）因发热、咳嗽2天、抽搐5次到贵州省兴义市人民医院住院治疗。由于感染重，同时合并脑部、肺部受累的表现，病情十分危重，需要抓紧拿出有效治疗方案。跨地区转院，路途远，有风险；向上一级医院电话咨询，对方医生难以详细了解病情。怎么办？兴义市人民医院立即向远在700千米外的重庆医科大学附属儿童医院互联网医疗中心发出了会诊申请。

5月6日下午，重庆医科大学附属儿童医院呼吸科、神经内科、普通内科等多个学科专家通过手机、电脑等终端同时连通视频，调阅患儿病史资料，详细了解病情后进行线上诊疗，指导当地医生制定了有针对性的治疗方案。

近些年来，随着互联网医院的兴起，以往的就医模式得以改变。互联网医院除了可以远程会诊，还能预约挂号、健康咨询、在线问诊、复诊续方等。从医院回家后出现新的情况，药吃完了需要再配药，病情有好转要减少药量，这些问

互联网医院是指通过互联网技术提供医疗服务的一类医疗机构，按照《医疗机构管理条例》和《互联网医院管理办法（试行）》等法律法规进行管理。具体包括两种类型，一是实体医疗机构建设的互联网医院，二是第三方依托实体医疗机构设置的互联网医院。

互联网医院主要运行方式包括：患者在实体医疗机构就诊，由接诊医师通过互联网医院邀请其他医师进行会诊时，会诊医师可以出具诊断意见并开具处方；患者未在实体医疗机构就诊，医师可以通过互联网医院为部分常见病、慢性病患者提供复诊服务。

题都可以通过互联网医院得到解决。患者不用一趟又一趟往医院跑，足不出户享受到医疗服务，既省时又省力。一位患者家属使用了互联网医院后说："以往吃完了药就得请假去医院拿药，至少花半天时间。有了互联网医院，直接在手机上挂号，复诊续方后药品快递到家。"

◎●◎ 手机变农具

架好直播架，调好补光灯，打开手机进入直播间，阿克苏小伙米尔扎提·卡米力开始了一天的直播带货。"现在是咱们新疆新鲜核桃成熟上市的季节，鲜嫩的核桃仁好剥皮，吃起来不涩不苦、油香酥脆，还有凉拌、打豆浆等多种吃法……"米尔扎提卖力的吆喝，引来不少网友停留观看。要想激发网友的购买欲，只靠吆喝还不行。米尔扎提把直播间搬到田间地头，带着网友们看核桃真实的样子、"成长"环境、农民劳作场景。直播间的互动也很热烈，好不好吃、有什么营养、保质期有多长、什么时候发货，都是粉丝们关心的问题。随着互动深入，订单量开始往上涨。在新疆，直播带货已不是稀奇事，阿克苏苹果、库尔勒香梨、叶城核桃、棉被、牛羊肉、奶疙瘩、蜂蜜、炒奶粉、葡萄干、大枣等走

直播带货

进直播间，销往千万家。阿克苏果农邓军高兴地说：“想不到我家的苹果能销售得这么好。”

现如今，手机成为“新农具”，直播成为“新农活”。统计显示，从2018年到2022年，全国农产品网络零售额逐年增长，分别为2305亿元、3975亿元、4158.9亿元、4221亿元、5313.8亿元。互联网的力量正助推农业发展，托起农民致富梦。

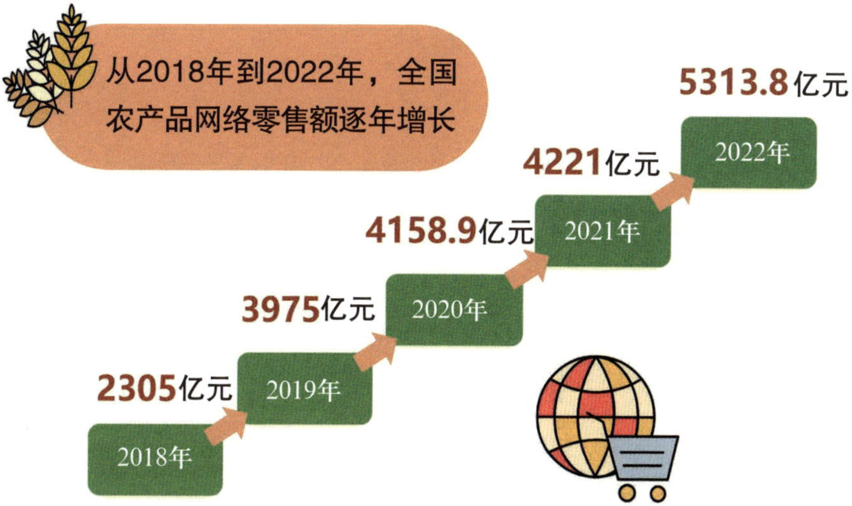

■ 2018—2022 年全国农产品网络零售额

02 对网络空间的乌烟瘴气说不

习近平总书记在党的二十大报告中指出："健全网络综合治理体系，推动形成良好网络生态。"近年来，未成年人互联网普及率持续上升，有的甚至还没学会认字就先学会了上网。网络为我们学习知识、获取信息、开拓视野、休闲娱乐、联络交流等提供了便利，但是网上的信息良莠不齐，如果上网时看到的是一些虚假、诈骗、攻击、谩骂、恐怖、色情、暴力等乌烟瘴气的东西，大家会有什么感受呢？谁都不愿意生活在这样的网络空间。只有对网络空间的乌烟瘴气说不，营造清朗的网络空间，数字小公民才能在网络的陪伴下健康成长。

2018年起，共青团中央维护青少年权益部、中国互联网络信息中心（CNNIC）每年对未成年人互联网使用情况开展调查，并发布《全国未成年人互联网使用情况研究报告》，力求全面、客观地反映我国未成年人互联网使用特点和网上生活状态。

《2021年全国未成年人互联网使用情况研究报告》数据显示，2018年以来，我国未成年网民规模连续四年保持增长态势，2021年达到1.91亿，未成年人互联网普及率为96.8%，较2020年提升1.9个百分点。小学生、初中生互联网普及率进一步提升。2021年小学生互联网普及率达到95.0%，较2020年提升2.9个百分点；初中生互联网普及率达到99.4%，较2020年提升1.3个百分点。

◎●◎ 网络乌烟瘴气危害大

兰兰（化名）同学像往常一样登录邮箱查收邮件，刚点了一下，电脑屏幕就被切换了，出现了一片黑乎乎的森林，一间破旧不堪的房间，一个披着长发、神情诡异的人慢慢地打开了房门，此时响起的阴森恐怖的音乐更是让人毛骨悚然。眼前突然出现的这一幕把兰兰吓得不轻，晚上很久都没有睡着。

不时出现的网络谣言也让人烦。小华（化名）收到一条群通知："从现在开始，无论是小区院内还是其他场所，发现有死亡的小鸟、燕子，不要用手去触摸，保持距离，同时通知物业或给疾控中心打电话，让他们来处理。希望大家重视！"小华有些纳闷儿，不知道是怎么回事。看了前后消息才明白原来是告诉大家死亡小鸟传播猴痘病毒。其实这是一条谣言，没有任何证据显示接触鸟类会感染猴痘病毒。网络上的谣言很容易误导人，一传十，十传百，有时候搞得人心惶惶。造谣一张嘴，辟谣跑断腿，要辟谣就费劲很多。

花样百出的电信网络诈骗让人深受其扰。2022年，国家互联网信息办公室反诈中心公布多起针对未成年人的电信网络诈骗案件。比如，2022年5月，海南省吴某（12岁）使用母亲手机上网，看到有人免费发放游戏皮肤，随后添加对方为网络好友，扫描二维码领取皮肤。对方告诉吴某其账号存在非法领取行为，需联系后台工作人员处理，否则要赔付10万元，被判刑1年。吴某非常害怕，按照对方语音提示，扫描二维码支付6500元，事后吴某母亲发现异常并报警。

网络里的乌烟瘴气危害大，对网民的身心健康、财产安全都会带来不良影响。正因如此，习近平总书记指出："网络空间是亿万民众共同的精神家园。网络空间天朗气清、生态良好，符合人民利益。网络空间乌烟瘴气、生态恶化，不符合人民利益。”

◎●◎ 营造清朗的网络空间

面对网络带来的安全隐患和风险，保障未成年人健康上网，需要构筑起网络安全防线，全力营造清朗的网络空间。

登录中国互联网联合辟谣平台，可以看到当前网络传播比较多的各类谣言，获取来自有关部门和专家的权威辟谣信息，有图片、视频、海报、访谈等，一点都不枯燥。玩一玩辟谣“答”人系列闯关游戏，看看自己懂多少。浏览平台发布的月度辟谣榜，既能识谣言，还能长知识。在这里除了辨识谣言，还能举报谣言。

近年来，我国持续开展了“清朗”“净网”“护苗”等专项整治行动，坚决打击各类网络犯罪活动，集中整治各类网络乱象，重点清理网上对未成年人具有不良影响的负面内容，有力净化了网络生态。某日，北京市文化市场综合执法总队接到举报，某动漫平台涉嫌向用户提供含有暴力、色情、低俗内容的网络动漫产品。这家动漫平台的作品多以校园为主题，吸引了不少未成年用户。执法人员进入平台后发现一些涉嫌违规的作品封面，点击后却无法查看具体内容。经过深入调查，查实了隐蔽传播渠道和违规动漫作品。执法总队依法责令该动漫平台删除全部违规作品，关停相关频道，并依法对该公司作出行政处罚。

◎●◎ 筑牢网络安全“防火墙”

未成年人使用网络如何得到保护？受到网络侵害怎么办？2020年新修订的《未成年人保护法》专门增设了“网络保护”一章，从法律的角度保护未成年人的用网安全，构建起未成年人网络安全“防火墙”。下面我们就一同感受来自法律的保护。

——谁来保障未成年人在网络空间的合法权益？

《未成年人保护法》明文规定：国家、社会、学校和家庭应当加强未成年人网络素养宣传教育，培养和提高未成年人的网络素养，增强未成年人科学、文明、安全、合理使用网络的意识和能力，保障未成年人在网络空间的合法权益。

——未成年人可以通宵上网玩游戏、看直播吗？

不可以。《未成年人保护法》明文规定：网络游戏、网

络直播、网络音视频、网络社交等网络服务提供者应当针对未成年人使用其服务设置相应的时间管理、权限管理、消费

■ 开启“青少年模式”，有助于合理使用网络

管理等功能。

——在线学习平台能不能推送广告？

不能。《未成年人保护法》明文规定：以未成年人为服务对象的在线教育网络产品和服务，不得插入网络游戏链接，不得推送广告等与教学无关的信息。

——看到不良网络信息怎么办？

《未成年人保护法》明文规定：网络产品和服务提供者应当建立便捷、合理、有效的投诉和举报渠道，公开投诉、举报方式等信息，及时受理并处理涉及未成年人的投诉、举报。任何组织或者个人发现网络产品、服务含有危害未成年人身心健康的信息，有权向网络产品和服务提供者或者网信、公安等部门投诉、举报。

03 >>> 网络安全勿轻视

网络空间的美好令人向往，而网络攻击、数据泄露等网络空间的问题着实令人头疼。众网成络，安全为脉。网络安全影响大，网络安全勿轻视。

◎●◎ 网络安全不是小问题

有人说网络是虚拟世界，和现实生活不相关，出现点问题没关系。其实不然，网络连着现实，网上、网下并不是完全割裂的两个世界。互联网之父蒂姆·伯纳斯·李曾说：“如果互联网美好，那是因为现实美好；如果互联网丑陋，那是因为现实丑陋。”

在互联网时代，一旦遭到网络攻击、数据泄露，都会带来不可估量的损失。2021年3月，台湾某计算机制造商北美地区公司遭到勒索病毒攻击。黑客开出了5000万美元的天价赎金，为证实真实性，还在网络公布了窃取来的部分资料。同年10月，该公司再次出现数据泄露，其在印度的售后服务系统遭到黑客入侵。黑客声称窃取到超过60GB的数据资料，正在寻找买家出售这些数据。有报告显示，一次数据泄露对大型公司造成的损失大约是其市值的7.27%，对中小型公司造成的影响则是灾难性的。

现如今，人们在生产生活、工作学习中越来越依赖网络，似乎“一切皆由网络控制”，毫不夸张地说，谁控制了网络空间谁就能控制一切。2021年6月，四川泸州某医院遭到网络攻击，导致全院网络系统瘫痪，患者无法正常挂号、取报告、缴费、取药，医生也不能开处方。一家医院的网络遭到攻击，可以让医院的运行陷入瘫痪，若是一个国家的网络遭到攻击，则会产生全局性的破坏性影响。交通、金融、电力、能源、通信等领域的关键信息基础设施遭到攻击后，就会导致交通中断、金融紊乱、电力瘫痪等问题，产生巨大的破坏性和杀伤力。2019年3月，委内瑞拉古里水电站遭到攻击，发生大面积停电，地铁停运、机场旅客滞留、医院停诊，全国不得不停课停工。2020年5月，委内瑞拉国家电网干线遭到攻击，再次出现全国性停电事件。

免费网络有隐患

◎●◎ 维护网络安全时不我待

对一个国家来说，网络已成为继陆、海、空、天之外的第五大主权空间，没有网络安全就没有国家安全。我们国家在1994年全功能接入国际互联网，近30年来，在享受互联网带来机遇的同时，也面临着网络安全问题的困扰。

网络空间不是法外之地，维护网络安全，法律至关重

没有网络安全就没有国家安全

要。为此，我国出台了《网络安全法》《数据安全法》《个人信息保护法》等法律法规，建立健全网络安全法律法规体系。《网络安全法》是我们国家关于网络安全最基本的法律，有利于保障网络安全，维护网络空间主权和国家安全、社会公共利益，保护公民、法人和其他组织的合法权益；《数据安全法》侧重于规范数据处理活动，保障数据安全，促进数据开发利用；《个人信息保护法》侧重于保护个人信息权益，规范个人信息处理活动，促进个人信息合理利用。比如，2021年7月，为防范国家数据安全风险，维护国家安全，保障公共利益，依法对某出行服务公司实施了网络安全审查。经过一年审查，查实该公司违反《网络安全法》《数据安全法》《个人信息保护法》，依据相关法律法规，对其处以人民币80.26亿元罚款。

维护网络安全，技术也很重要。别人用的是飞机大炮，我们还用大刀长矛，攻防力量明显不对等，怎么打得赢呢？对于互联网企业来说，即便规模再大、市值再高，如果核心元器件严重依赖外国，供应链的“命门”掌握在别人手里，那就好比在别人的墙基上砌房子，再大再漂亮也可能经不起风雨。我们国家的网络技术虽然起步晚，但是进步很大，信息领域核心技术自主创新不断取得突破。高性能计算保持优势，5G实现技术、产业、应用全面领先，大数据、云计算、人工智能、区块链等研究取得积极进展。当然，网络领域的核心技术还没有完全掌握在自己手里，需要抓紧突破这个难题。

举办国家网络安全宣传周、提升全民网络安全意识和技能，是国家网络安全工作的重要内容。2014年以来，每年举办的国家网络安全宣传周通过各种形式的宣传教育活动，增强广大网民的网络安全意识，提升基本防护技能，营造安全、健康、文明的网络环境，保障人民群众在网络空间的合法权益，切实维护国家网络安全。

◎●◎ 全球合作必不可少

互联网在联通全球的同时，也把安全问题带到了世界各地。网络安全是全球性问题，对国家主权、安全、发展构成了新的挑战。面对网络安全问题，没有一个国家可以独善其身。加强互联网治理需要国际社会携手合作、共同应对。

中国始终是全球网络安全的积极维护者。2014年11月19日，首届世界互联网大会乌镇峰会在浙江省嘉兴市乌镇开幕，由中国倡议的国际性会议由此诞生。此后，来自世界各地的嘉宾每年都会齐聚乌镇，共商世界互联网发展大计。历届大会的主题虽然不同，但是都把携手构建网络空间命运共同体作为最后落脚点。2022年7月12日，在成功举办八届世界互联网大会乌镇峰会的基础上，世界互联网大会国际组织成立，总部设在北京。世界互联网大会国际组织将着眼网络空间的新挑战、新问题，坚持开放包容，更好推动国际社会化解分歧、凝聚共识，推进全球互联网治理体系变革，携手构建网络空间命运共同体。

2014年首届主题

互联互通　共享共治

2015年第二届主题

互联互通　共享共治
——构建网络空间命运共同体

2016年第三届主题

创新驱动　造福人类
——携手共建网络空间命运共同体

2017年第四届主题

发展数字经济　促进开放共享
——携手共建网络空间命运共同体

2018年第五届主题

创造互信共治的数字世界
——携手共建网络空间命运共同体

2019年第六届主题

智能互联　开放合作
——携手共建网络空间命运共同体

2020年第七届主题

数字赋能　共创未来
——携手构建网络空间命运共同体

2021年第八届主题

迈向数字文明新时代
——携手构建网络空间命运共同体

2022年第九届主题

共建网络世界　共创数字未来
——携手构建网络空间命运共同体

■ 历届世界互联网大会乌镇峰会主题

习近平总书记在党的二十大报告中专门提到安全，强调“国家安全是民族复兴的根基，社会稳定是国家强盛的前提”，“推进国家安全体系和能力现代化，坚决维护国家安全和社会稳定”，“建设更高水平的平安中国，以新安全格局保障新发展格局”，等等。平安是幸福生活最基本的要求。我们生活在社会中，都想过上平安的生活。一路平安、平平安安、注意安全，实际上表达了人们对安全的期盼。一些外国人对中国的治安很好奇，来中国旅游时会特意在晚上出来逛一逛，亲自感受，羡慕中国真安全。美国人迈克尔·弗里德曼曾讲述过一件“窘事”：“在深圳，我经常在凌晨遛弯，但不会在旧金山和纽约这么做。有一次凌晨4时，我在公园溜达，听到树后有响动，吓得半死。结果过去一看，是一群老人家在打太极拳。”中国治安频频被外国人点赞的背后，是不断筑牢的安全屏障。

人民幸福
更有保障

01 平安中国成为国家名片

> 中国特色社会主义新时代，安全在人民对美好生活的追求中分量越来越重、越来越多样化多层次，从生命财产安全上升到安业、安居、安康、安心等各方面，标准要求更新更高。

国家安全是国家生存和发展的基本前提。这些年来，不少组织和机构热衷于评估各国安全状况，发布全球最安全国家排行榜。在不同版本中，中国总能名列其中，甚至位居前列。我国犯罪率低、治安好，国际社会普遍认为中国是世界上最安全的国家之一，平安中国成为一张耀眼的国家名片。我们国家人口多，问题和矛盾肯定就会多些，那么平安中国是怎么做到的呢？我们一起去三个地方逛逛，解锁平安中国的密码。

◎●◎ 扫黑除恶展览馆

2021年3月23日，“扫黑除恶　国泰民安——扫黑除恶专项斗争网上展览馆”正式上线。该展览馆由全国扫黑除恶专项斗争领导小组主办，包括“高位推动”“依法严惩”“打财断血”“打伞破网”“源头治理”“强基固本”“督导利剑”“发动群众”“常治长效”“致敬英雄”等10个主题展厅和1个影剧院，共1300余件展品，处处彰显出扫黑除恶的坚定决心。

2018年1月，中共中央、国务院发出《关于开展扫黑除恶专项斗争的通知》。3年时间，全国共打掉涉黑犯罪组

■ 扫黑除恶　国泰民安——扫黑除恶专项斗争网上展览馆

织3644个、涉恶犯罪集团11675个，抓获犯罪嫌疑人23.7万名。2021年5月，中共中央办公厅、国务院办公厅印发了《关于常态化开展扫黑除恶斗争巩固专项斗争成果的意见》，对常态化开展扫黑除恶斗争作出安排部署。扫黑除恶从专项斗争转向常态化，让平安中国的成色更足。据统计，人民群众的安全感由2012年的87.55%上升至2021年的98.62%。

◎●◎ 西宁文亭巷社区

基层强则国家强，基层安则天下安。城乡社区在基层，是社会治理的基本单元。社区是党和政府联系群众、服务群众的“神经末梢”，社区服务和管理能力提升了，社会治理的基础也就夯实了。

文亭巷社区位于青海省西宁市城西区文汇路街道。在社区综合服务中心，书画室、舞蹈室、阅览室、康复室等一应俱全。老年人在这里练习书画、排练歌舞，放学的孩子们来这里看书、写作业、做手工，真是一派温馨和睦、其乐融融的景象。文亭巷社区是一个人口密集的大社区，有住宅小区13个，居民2.2万多人；也是一个多民族聚居的社区，有藏

社区综合服务中心办公楼

族、回族、蒙古族、撒拉族等少数民族居民1000多人。居民们幸福生活，各族群众和睦相处，这是怎么做到的呢？

做好服务是关键。文亭巷社区党委书记、居委会主任告诉记者：“苏家河岸2号院暖气不热，美丽家园小区居民希望多开一个门进出，有些小区围墙需维修……凡是群众反映到我们这里的难事，我们都会竭尽所能，及时解决相关问题。”服务要做到位、暖人心，离不开强有力的党组织。社区探索了“党建+”治理模式，在小区楼院成立了党支部，逐步构建起“社区党委引领、楼院（栋）长协作、党员表率带动、各民族积极参与”的共建共治格局。在每周六召开的“周六议事会”上，小区党支部书记、业委会成员、物业公司代表等会一同商讨居民反映的意见建议，及时解决群众急难愁盼的问题。

放眼全国，不少社区都在探索党建引领基层社区治理的新途径，强化社区为民、便民、安民功能，把社区打造成居民最放心、最安心的港湾，持续提升群众的获得感、幸福感、安全感。

◎●◎ 成都高新减灾研究所

成都高新减灾研究所专注于灾害预警技术研发、成果转化及应用，研发了全球领先、具有完全自主知识产权的地震预警技术。截至2022年10月，已经连续成功预警74次破坏性地震。

2022年6月1日17时00分，四川省雅安市芦山县发生6.1

级地震。当地及周边地区的电视、手机、“大喇叭”齐刷刷地响起地震预警，倒计时提示地震横波还有多久到达。收到预警后，群众采取了“教科书式”的避险措施。在地震横波到来之前能够提前知晓，这得益于地震预警系统。据介绍，地震预警系统在芦山6.1级地震发生时第4秒发出预警，给距震中44千米的雅安市提前9秒预警，给距震中94千米的眉山市提前24秒预警，给距震中100千米的甘孜藏族自治州提前26秒预警，给距震中112千米的成都市提前29秒预警。

虽然只比地震横波跑快了一点，但别小看这几秒、几十秒，作用大着呢！住高层的人可以抓紧跑到生命三角区躲避，住一楼的居民还能够跑到室外；高速行驶的列车可以提前减速，避免发生脱轨事故；核电站、危化企业可以赶紧采取安全措施；正在进行的手术可以启动应急预案；学校等人群密集场所可以马上引导疏散。研究表明，“如果在地震波到达时提前3秒收到预警，伤亡人数可降低14%；提前10秒，伤亡人数可降低39%；提前20秒，伤亡人数可降低63%”。

得益于科研团队的努力，我国成为继墨西哥、日本之后第三个掌握地震预警技术的国家，而且预警的灾害种类也在增加。成都高新减灾研究所有关负责人介绍说，过去，只有地震预警服务于民众，但现在，已从单一灾害预警延伸至多灾种预警，包括地震、滑坡、泥石流、山洪、山火等自然灾害预警技术被集成在一个平台，用以服务社会。看来，技术进步了，人民群众的生命财产安全更有保障啦。

02 >>> “朝阳群众”有多厉害

“朝阳群众”不是这两年才火的，2013年就引起了公众的关注。大家注意到，北京警方发布的通报频频出现“根据朝阳群众举报”字样，特别是多起大腕明星不法行为的案件通报中也提到“朝阳群众”。随着一个又一个名人被“朝阳群众”举报，“朝阳群众”火到登上网络热搜。人们很好奇，朝阳群众到底是谁，怎么这么厉害，难道真的是神秘组织吗？

◎●◎“朝阳群众”规模大

“朝阳群众”名声在外，有人想看看“朝阳群众”，但苦于不知道去哪儿找。其实，“朝阳群众”无处不在，随处可见。街头巷尾戴着红袖标的大爷大妈，穿着红马甲的志愿者，十字路口吹着哨子、挥着小旗的交通协管员，快递

“朝阳群众”的主体力量

- ✓ 治安志愿者
- ✓ 党员巡逻队
- ✓ 专职巡逻队
- ✓ 义务巡逻队
- ✓ 治保积极分子

有可能是“朝阳群众”

- ✓ 街头巷尾戴着红袖标的大爷大妈
- ✓ 穿着红马甲的志愿者
- ✓ 十字路口吹着哨子、挥着小旗的交通协管员
- ✓ 快递小哥
- ✓ 外卖小哥
- ✓ 保安门卫
- ✓ 环卫工人
- ✓ 水表抄表员
- ✓ 修自行车的师傅
- ✓ 卖菜大叔

……

小哥，外卖小哥，保安门卫，环卫工人，水表抄表员，修自行车的师傅，卖菜大叔等都有可能是“朝阳群众”。当然，“朝阳群众”的主体力量主要是治安志愿者、党员巡逻队、专职巡逻队、义务巡逻队和治保积极分子。

实际上，“朝阳群众”不是什么神秘组织，更不是什么情报机构，而是工作、生活在北京市朝阳区的普通群众。他们热心参与社会治安防控体系建设，向警方提供违法犯罪和安全隐患等线索，守护着朝阳的平安。北京警方官方平台“平安北京”说：“朝阳群众很神秘，因为警方会保护举报人的隐私，因此就不要刨根问底了；朝阳群众很可爱，因为他们嫉恶如仇，耳聪目明；警方工作离不开大家的支持和配合，不论是案件线索收集还是交通、消防、治安隐患排查，大家都可以来做朝阳群众。”

◎●◎“朝阳群众”功劳大

街道社区有什么可疑情况，居住在这里的群众最容易发现。“朝阳群众”对小区情况烂熟于心，楼上换了新租户，谁家孩子上大学，谁最近回老家了，都清清楚楚。“朝阳群众”警惕性很强，对陌生人、可疑情况特别敏感。有人把自行车低价卖给收废品的，他就会警觉起来，留意是不是小偷。抄表员上门抄水表，发现家里味道不对，也会警觉起来，怀疑会不会有人吸毒。要是情况可疑，他们都会向社区民警反映，起到民警的“眼睛”和“耳朵”的作用。

“朝阳群众”不是虚名，有举报并协助民警抓人这种大案件，在偷盗、抢劫、打架、失物招领等方面更是频频立功。某日，警方接到“朝阳群众”举报，有两名男子出现在小区，探头探脑、形迹可疑。民警赶到现场将这两名男子抓获。询问时，两人想抵赖，一口咬定是来找朋友的，但又说不出具体名字和住址。民警通过监控发现他们来时带着包，被抓时包消失不见了。通过监控线索，找到丢弃的包，里面装有多个开锁工具。在铁证面前，两人才如实交代自己过来踩点，打算找时机入室盗窃。这两名男子都有盗窃前科，不想这次踩点被“朝阳群众”逮个正着。

◎●◎“朝阳群众”影响大

“朝阳群众”会自觉参加培训，不断提升识辨“坏人”“坏事”的能力。他们还总结出“发现反动宣传物品及时报告、发现违禁横幅标语及时报告、发现非法群体聚集及时报告、发现滋事倾向人员及时报告、发现公共安全隐患及时报告、发现违法犯罪线索及时报告、发现突发紧急事件及时报告、发现可疑人车物品及时报告”的经验，配合公安机关维护社会治安。

“朝阳群众”已是基层群防群治的典型代表。“朝阳群众”多次被中央电视台、《人民日报》等媒体点赞。有专属卡通形象，还有有趣有料的电影《朝阳群众》。2016年11月，“朝阳群众”成为2016年度法治人物候选集体。

这些年来，涌现出北京的“西城大妈”“丰台劝导队”“海淀网友”“东城守望岗”，天津的“小巷管家”，杭州的“武林大妈”等群众安保组织，他们和“朝阳群众”一样，都是群防群治的生动写照，成为维护基层安全稳定的重要力量。

在巴西里约热内卢天主教大学保罗·罗贝尔教授看来，中国的平安是政府与人民合力用心打造出来的，“中国

“群防群治”是群众性自防自治活动的简称，是在各级党委、政府领导和专门机关指导下，群众自己组织起来，预防和治理违法犯罪，维护所在地区或单位治安的一种活动。

各地群众安保组织

在社会治理过程中，不仅有政府部门的努力，还有普通百姓的积极参与。北京的‘西城大妈’和‘朝阳群众’，主动承担着巡防员的工作，有效维护了社会的安定与和谐”。

03 >>> 城市大脑：让生活更美好

红绿灯根据车流量自动调节时长；救护车不再闯红灯，一路绿灯通行；共享单车出现乱停乱放，可以第一时间发现解决；河流有污染，能够及时发现处理；停车场出入口没有道闸杆，实现快进快出……依托城市大脑，这些美好的想象已经成为现实。给城市装上“大脑”的就是云计算、大数据、人工智能等信息技术。有了这些技术，城市管理部门就能对城市运行中的各种数据进行监测、汇总、分析，使交通、旅游、医疗、城管、警务、环保等不同领域的城市管理变得更加智能高效，让人民群众的生活更美好。

◎●◎ 治堵有办法

随着社会经济的快速发展和人民生活水平的不断提高，

“城市大脑”是技术进步的产物，也是城市发展所需。一般认为，“城市大脑”是利用人工智能、大数据、物联网等先进技术，为城市交通治理、环境保护、城市精细化管理、区域经济管理等构建一个后台系统，对城市进行全局的即时分析、指挥、调动、管理，最终实现对城市的精准分析、整体研判、协同指挥。

2020年3月31日，习近平总书记在考察杭州城市大脑运营指挥中心时指出，推进国家治理体系和治理能力现代化，必须抓好城市治理体系和治理能力现代化。运用大数据、云计算、区块链、人工智能等前沿技术推动城市管理手段、管理模式、管理理念创新，从数字化到智能化再到智慧化，让城市更聪明一些、更智慧一些，是推动城市治理体系和治理能力现代化的必由之路，前景广阔。

越来越多的私家车出现在我们的日常生活中，交通拥堵似乎已成为城市的通病。各地为了解决交通拥堵问题，摇号、限号，架桥修路、增加可变车道，多装红绿灯、摄像头等各种办法都用上了。杭州城市大脑技术总架构师实地调研后发现，城市拥堵问题不光有缺少交通设施等原因，不清楚拥堵关键数据也是重要原因。他感慨地说：“红绿灯和交通摄像头在同一根杆子上，但由于没有通过数据连接，摄像头看到的东西永远不会转换成红绿灯的变换。”这种情况和我们的出行感受是吻合的。有时也挺纳闷儿，明明左右路上没有车，但还是亮起红灯不让走，只能干巴巴等着。如果红绿灯可以根据车流量自动调节长短，也能缓解交通拥堵。针对城市“四肢发达，头脑简单”的问题，杭州市开始探索运用城市大脑治理交通拥堵。

摄像头是收集交通数据的重要设备

城市大脑汇集各个部门的数据，对高峰期有多少辆车，平峰期又有多少辆车，哪个方向的车流量大等数据进行分析。分析数据后，城市大脑可以智能调节红绿灯时长、帮助驾驶员合理规划出行路线、提供附近停车场信息等。城市大脑还能自动发现警情并立即报警。从发现到报警平均用时仅需10秒，准确率达95%以上，减少了交通事故导致拥堵的时间。有了城市大脑，120急救车、消防车等执行任务时可以实现一路绿灯。司机启动“一路护航”功能后，城市大脑用不了5秒就能规划出最佳路线，当快到达路口时红绿灯会自动调整到通行状态，附近车辆还会收到交警提醒，帮助执行任务的车辆节省出不少宝贵时间。

◎●◎ 治理有效率

渣土车运送砂石等建筑料，承担了城市建设运输的重要任务。但是，如果出现带泥上路、超载超速、抛洒滴漏等问题，不仅影响市容市貌，还会危及交通安全。以往执法人员要检查渣土车，只能起早贪黑苦守着、“守株待兔”抓现行。而在北京市海淀区，有了城市大脑助力，系统可以智能识别渣土车多种违法行为，跟踪其行驶轨迹。执法人员获取相关信息后快速精准对其进行布控拦截。

共享单车乱停乱放是大家头疼的问题。有了城市大脑，可以自动捕捉乱停乱放，快速发现问题。发现要快，处理也要快。为此，海淀区动员了共享单车运营企业以及部门街道、居委会、城管等社会治理的主体，也请了老百姓来共同参与。有记者曾报道过一个共享单车占用盲道的案件，16时10分共享单车运营企业收到城市大脑推送的信息，16时16分分派工作人员，2分钟后工作人员接到任务并赶到现场进行处置，16时18分处理完成。从发现乱停乱放到处理完成，总共只用了8分钟。

以上两个实例是海淀城市大脑诸多应用中的典型代表。海淀城市大脑的应用场景涵盖了智慧社区、渣土车治理、交通治理、大气污染防治、垃圾分类、城市能源、无障碍设施智慧服务等领域。随着系统不断升级，海淀城市大脑正在不断加速“进化”，变得更加智能、更加聪明，为城市的治理提供了技术支撑。

海淀城市大脑2.0阶段十大应用场景需求

- 城市管理场景
- 生态环境场景
- 产业经济场景
- 社会服务场景
- 市场监督场景
- 公共安全场景
- 城市交通场景
- 卫生健康场景
- 政务服务场景
- 信息安全场景

2023 年 6 月，海淀城市大脑 2.0 阶段十大应用场景需求面向社会发布，广泛征集场景需求的破题思路、解决方案和产品技术，让城市大脑变得更加智能、更加聪明

破案有一招

在浙江衢州，作案长达6年，觉得不会被抓到的钱某某夫妇万万没想到自己最终会“栽”在城市大脑手上。自2012年开始，钱某某夫妇为了挣钱动起了歪脑筋，在当地信安湖非法电鱼，然后悄悄卖给菜市场、路边饭店，累计非法获利60多万元。钱某某夫妇自知违法，从电鱼到销赃都做得很隐蔽，警方要掌握犯罪事实并不容易。

城市大脑的应用给案件带来了转机。摄像头可以不停地拍摄视频，但不能分析视频内容。以往要破案，得靠人工在海量视频中找到有价值的片段，效率不高可想而知。而城市大脑可以对海量视频快速自动分析。对于这起案件，城市大脑凭借三张模糊的线索照，分析出钱某某夫妇的身形、着装、所骑电动车及电动车上放鱼的水箱等特征，自动搜索不同摄像头拍摄的视频，仅用20分钟就快速锁定了嫌疑人，准确勾勒还原出从电鱼到销赃的行动轨迹。有了视频证据、证据链条，当地检察院以非法捕捞水产品罪批准逮捕这对夫妇。据警方介绍，城市大脑在基层治理、社会治安防控等领域都能大显身手，应用以来为老人、小孩走失，偷窃、抢劫等案件的侦查提供了不少有价值的线索。

习近平总书记在党的二十大报告中指出：“人民军队始终是党和人民完全可以信赖的英雄军队，有信心、有能力维护国家主权、统一和领土完整，有信心、有能力为实现中华民族伟大复兴提供战略支撑，有信心、有能力为世界和平与发展作出更大贡献！”有这么一个小故事，某地发洪水，一些群众却很淡定，说：“没事，没事，解放军都没来。”洪水越来越大，这些群众还是很淡定，说：“没事了，没事了，解放军都来了。”在我们国家，有种安全感叫“人民解放军来了”。人民解放军不怕牺牲、英勇战斗，守卫着祖国的安全，守护着百姓的安宁，为实现中国梦当好坚强后盾。

8

坚强后盾

01 >>> 中国航母喜提“三胎”

航空母舰，简称“航母”，作为海军飞机海上活动基地的大型军舰，可以供舰载机起飞和降落。通常与若干艘巡洋舰、驱逐舰、护卫舰等编成航空母舰编队，可远离海岸机动作战，有着巨大的打击力和防护力。

航空母舰是目前人类所掌握与使用的最先进的海上军事平台，是一个国家国防实力和综合国力的象征。我国是个海洋大国，发展航空母舰是党中央、国务院、中央军委着眼国家安全和发展全局作出的重大战略决策。

2012年，“航母style”着实火了一把，有媒体甚至评论“已经火得一塌糊涂”。这是怎么回事？原来新闻报道中国首艘航母“辽宁舰”成功起降歼-15舰载机时，出现了两位身穿黄马甲的起飞助理下达起飞指令的镜头——以半蹲为姿势，右手蜷缩伸出食指和中指，指向飞行

舰载机起飞

甲板前端，代表“允许起飞”信号。大家从来没见过这一手势，看后直呼“帅气”“酷”，给它取名“航母style”，纷纷争相模仿。随着歼-15舰载机的起飞，“航母梦”在航母甲板上正式飞扬。

◎●◎ 辽宁舰

辽宁舰作为中国第一艘航空母舰，是在国外买来的“瓦良格”号航空母舰基础上改造而成的。在技术封锁条件下，改造未完工的航母不失为一种好办法。但是，改造前的“瓦良格”号外观锈迹斑斑，里面“垃圾成山”，不少内部结构都被破坏了，已有的设计同实际需要也不完全相符。在没有经验，也没有相关技术的情况下，科研人员经过艰辛的技术攻关，克服重重困难，最终完成了“瓦良格”号的改造工作。2012年9月25日，辽宁舰正式交付海军，舷号为“16”。从这一天起，中国终于有了第一艘航空母舰。

辽宁舰到底有多大、多复杂？先看外观，舰长300多米，共有22层甲板、300多个直梯、3000多个舱室，可以容

辽宁舰

纳2000多人。一位士官坦言："上舰前三个月，我常常迷路，有一天夜里，值完更，我竟找不到自己的宿舍。"再看内部，足足有几百个三级系统、几万套全新装备、数十万册技术资料、数以亿计的备品备件。首任舰长张铮表示压力不小，他说："我干过的最大的战舰是六千吨，辽宁舰近六万吨，大了近十倍。它所带来的训练、作战、管理、安全等课目，都是崭新的，都是质的变化。"

2017年7月7日，辽宁舰抵达香港，第一次向香港公众开放。不少香港市民登上辽宁舰，近距离感受祖国海军建设的成就。一名中学生为了领到参观券，在雨中排了十个小时的队。站在宽阔的飞行甲板上，他激动地对记者说："今天，我很自豪。"

◎●◎ 山东舰

山东舰是我国第二艘航空母舰，也是第一艘国产航空母舰，"既有颜值，更有气质"。山东舰由我国自主设计建造，参研、参建、参试单位多达500多家，重点解决了航母总体设计、船体建造、主动力装备国产化研制等问题，提高了综合作战效能和综合保障水平。2019年12月17日，山东舰

山东舰

正式交付海军，舷号在辽宁舰基础上顺延为“17”。我国由此进入“双航母时代”。

山东舰入列以来，引发了大家对驾驶航母的好奇。1998年出生的叶蕴韵是山东舰的一名操舵兵，驾驶万吨巨舰驰骋大洋。她在采访中介绍：“现在科技那么发达，国产航母事业蓬勃发展，航母的舵轮甚至比很多汽车的方向盘还要小。”但是要把航母操纵好可不那么轻松。她说：“船的惯性更大，吨位也大。在海上航行，船与水的阻力跟汽车轮胎与地面的阻力相比小很多，需要提前考虑惯性，要有提前量的回舵。”驾驶航母最难的是与舰载机的配合。有一次，海上风向突然改变，为保证舰载机顺利着陆，指挥员下令改变一个舵角。情况紧急，容不得迟疑，叶蕴韵靠本能反应用最快的速度调整航向，几秒后舰载机就降落了。在山东舰上，许多官兵像叶蕴韵一样在这里留下了无悔的奋斗足迹，书写着精彩的青春篇章。

◎●◎ 福建舰

2022年4月23日是中国人民解放军海军成立73周年纪念日。4月22日，海军向全社会公开发布首部航母主题宣传片《深蓝！深蓝！》。如果说片中筑梦深蓝的场景令人心潮澎湃，那么片尾出现的彩蛋则意味深长，令人无限遐想。片尾一名海军在与母亲的通话中回应“三胎”，他坚定有力地回答“好，安排”。而此时，标有“16”“17”飞行甲板的画面依次出现。

不到两个月，6月17日，福建舰下水命名仪式正式举行，舷号为“18”。福建舰是我国第三艘航空母舰，是我国完全自主设计建造的首艘弹射型航空母舰。福建舰采用平直通长飞行甲板，扩大了舰载机的停放空间，引来大家计算可

福建舰

以多停多少架舰载机。配置的电磁弹射和阻拦装置更是惊艳世界。有了电磁弹射装置，可以给起飞的舰载机强大的“一臂之力”，让更多舰载机快速起飞。除此之外，还能减少起飞时的燃料消耗，让舰载机飞得更远。无疑，这些进步都有利于提升航母的综合作战能力。福建舰标志着我国迈向“三航母时代”，当然，还得经过系泊、航行等试验后才能交付海军，让我们一起拭目以待吧。

02 >>> 神奇的吹沙船

2020年1月10日，2019年度国家科学技术奖正式揭晓，“海上大型绞吸疏浚装备的自主研发与产业化”被授予国家科学技术进步奖特等奖。一看这名称，可能有点摸不着头脑，这是什么呢？海上大型绞吸疏浚装备是重型自航绞吸船，说得再通俗一点就是挖泥船。挖泥船用处很大，疏通河道、加宽航道、建设港口等都要靠它。它还有一个独门绝技——吹沙造地。把挖出来的泥沙吹填到附近的低洼地，就可以实现人工造地了。正因如此，大家给它取了一个有趣的名字——吹沙船。这听起来确实很神奇，怪不得被称为“造岛神器”“地图编辑器”。

◎●◎ 高价只能买来二手船

对于陆地资源紧缺的沿海国家和地区来说，填海造地是拓展空间的重要方法。荷兰从13世纪就开始填海造地，20%的国土面积都是填海造出来的。日本为了拓展空间，也热衷于填海造地，关西国际机场就是完全通过填海造地建设的机场。填海造地需要专门的装备，最关键、最先进的就是挖泥船。长期以来，挖泥船的核心技术掌握在荷兰、比利时等国家手中，而且这些国家搞技术封锁。1966年，为了建设天津新港，我国不得不花高价从荷兰引进二手挖泥船，花费的钱相当于4吨黄金之多。

◎●◎ 迎难而上造神器

为了打破国外挖泥船的技术垄断，实现“国轮国造”的梦想，我国从零开始，加大科研投入，经过努力先后建造了“天狮号”“天鲸号”等挖泥船，实现了挖泥船建造技术从无到有的突破。然而，科研人员没有停止探索，紧接着又研制出“天鲲号”挖泥船。这是国内首艘从设计到建造拥有完全自主知识产权、生产能力雄踞亚洲第一的重型自航绞吸船，标志着我国挖泥船建造技术已达到世界先进水平。

“天鲲号”有多厉害呢？据介绍，它不仅可以挖泥挖沙，50MPa强度的风化岩石挖起来都很轻松，泥浆最远可以输送到15千米外。更重要的是，它已实现全智能化，一个按键下去，就可以自动定位，自动挖泥作业。

研制“天鲲号”并不容易。《人民日报》发表的《匠心磨砺　国之重器——天鲲号制造团队纪事》披露了若干鲜为人知的研发故事。拿精度来说，挖泥船的核心是绞刀，承载它的叫桥架，里面搭载了绞刀以及各种电机设备，总重量达1600吨，放在地上犹如一座山，相当于14层楼高。将这个

■ 天鲲号

1600吨重的桥架嵌入船体，安装间隙只有13毫米。这要求桥架与船体的制作高度精密，几乎就是严丝合缝。除此之外，“天鲲号”共分成96段建设，最后将所有段拼接而成，一般船的建造拼接误差为±4~6毫米，而“天鲲号”的分段误差只有±2毫米，桥架的拼接误差只有±1毫米。

可以看出，“天鲲号”处处都有精度要求，苛刻程度让人不可思议。仅是保证这些精度就是非常大的挑战，更别提其他具体技术了。研发团队不向困难低头，迎难而上，最终实现“天鲲号”成功下水。“天鲲号”的研发团队平均年龄只有32岁，他们用自己的青春力量托起了“国轮国造”的梦想。在2022年五四青年节，“天鲲号”团队荣获第26届中国青年五四奖章集体称号。

◎●◎ 吹沙填海显神通

有了挖泥船，中国上演了现实版的“精卫填海”。比如在南海，永兴岛是三沙市人民政府所在地，通过填海造陆，面积由原来的2.13平方千米扩大到3.16平方千米。岛上医院、学校、银行、图书馆、邮局、码头、蔬菜大棚、海水淡化厂、博物馆等基础设施和生活配套一应俱全，为渔民和驻守官兵提供了极大的便利。岛上还建有三沙永兴机场，跑道足足有3000米，拥有4个民航停机位。永兴机场开通了往返海口美兰国际机场的航班，坐着飞机来这里看西沙日落日出、石岛观浪不再是梦想。

通过吹沙填海，孤立的小岛连了起来，小的岛礁变成了岛屿。活动范围变大了，更适宜开发、居住、旅游，可以更好地守护祖国海疆。过去我们常说中国的国土面积有960万

■ 永兴岛

三沙市隶属海南省，是中国位置最南、海域面积最大、陆地面积最小、人口最少的地级市。由280多个岛、沙洲、暗礁、暗沙和暗礁滩及其海域组成，陆海面积约200万平方千米。常住人口2300余人。

三沙市属热带海洋性季风气候，全年高温、高湿、高盐、高辐射。三沙所在的南海海域是个巨大的“聚宝盆”，海岛植物资源繁多，海洋生物资源丰富，海域能源资源蕴藏量巨大。

三沙市战略位置十分重要，地处太平洋与印度洋之间的咽喉，素有“世界第三黄金水道”之誉，是古代“海上丝绸之路”的必经之地，历来是我国人民开展贸易和生产活动的重要场所。

平方千米，现在准确地说应该是960多万平方千米了，这个“多”字千万不能少。

03 >>> 边境线上绽放的绚丽青春

2021年9月，一条“8省300新兵入雪域高原，守防千余千米边境线，路上高唱家乡歌”的短视频在网络传开。网友们看后投去羡慕的眼光，留下祝福的话语。有人说，走在边境线，手触国界碑，感觉到的祖国是那么具体。从白雪皑皑的北疆到山川连绵的西南边

> 国界是相邻国家领土之间的分界线，明确了一国的领土范围。国界碑是明确分界线的标志之一。国界碑就像无言的卫士，默默守护着国家主权、安全和领土完整。
>
> 我国地域辽阔，国界碑众多。每一块国界碑都有唯一“身份号码”，即碑号。碑号按照自然数进行排列，即1号界碑，2号界碑……1号界碑位于中缅边界，矗立在云南省腾冲市的尖高山，被称为“共和国1号碑”。

陲，战士们保家卫国的信念始终如一。虽然使用的装备越来越先进，但是恶劣的自然条件依然年复一年地考验着大家。边防官兵甘于寂寞，敢于担当，在边境线上绽放着绚丽的青春。

◎●◎“在冰天雪地里守卫边疆”

在祖国北部边陲阿尔山的三角山哨所，驻扎着一支边防连，担负中蒙边界阿尔山至松贝尔口岸地区的执勤守卫任务。冬日的北疆，阳光灿烂，冰天雪地。对于游客来说，这里可以满足所有对雪的想象，然而，对于戍边官兵来说，这里的冬天很长、很冷，雪很大、很厚，顶着凛冽寒风，踏着齐腰深的积雪执勤守卫变得越发不容易。出来巡逻时，用不了多久，脸上、睫毛上、防寒面罩上就会结满厚厚的霜花。这里还很“无聊”、很“寂寞”，整天与飞雪相伴，几乎与世隔绝。一位士兵说：“刚来时孤寂如洪水涌来，除了见过几只狍子、听到几声狼嗥，朝夕相处的只有战友。”然而，积雪再厚，也挡不住巡逻的道路；困难再多，也难不倒守卫的使命；天气再冷，也冷不了青春的热血。边防连的官兵用平凡之举筑起守护北疆边境线的钢铁长城。

三角山哨所

2014年春节前夕，习近平主席冒着零下30多摄氏度的严寒，顶风踏雪来到这里，登上边防哨所与官兵一同执勤站岗，深入班排宿舍嘘寒问暖，勉励大家矢志扎根边防、守卫边防、建功边防。习主席的亲切慰问，给了全连官兵极大的信心和鼓舞，《主席来到我身旁》被大家传唱。一年后，全体官兵满怀深情给习主席写信，汇报一年来的变化，表示决不辜负习主席嘱托和期望，以实际行动争做有灵魂、有本事、有血性、有品德的新一代革命军人。很快，习主席就回信了，信中说："一年前，我到阿尔山看望大家，同志们在冰天雪地里守卫边疆的坚定决心和昂扬精神，给我留下了难忘的印象。一年来，同志们又取得了新进步，我感到很高兴。希望同志们着力加强连队全面建设，推动强军目标在连队、在边防落地生根，为筑牢祖国北疆安全稳定屏障再立新功！"

"这样的连队能打胜仗"

某边防团十连驻守在西南边陲、中越边境，肩负着守护18块界碑，守护边防安全的重任。连队官兵守卫的国境线有17.1千米，但是全部走下来，要翻过近20座山，行程近80千

■ 十连“爱兵石”上面镌刻着尊干爱兵双向承诺

米。509号界碑，是连队防区内最难巡的一座界碑。记者调研后惊讶发现，通往509号界碑的路途充满着坎坷和风险，“须翻4座高山、攀3处悬崖、蹚2条河流，一路还要斩荆棘、防蛇虫，连队就曾有2只军犬在这段巡逻路上被蚂蟥活活叮死”。十连不仅要承受来自自然界的考验，还要面对执行反走私、反偷渡、反越境犯罪任务时的危险。危险就在眼前，然而十连官兵没有退缩的，英勇威武的战斗令犯罪分子闻风丧胆。

军队是要准备打仗的，能打胜仗是军人的本色。为了提高战斗力，十连的训练标准近乎苛刻。5千米越野时，比大纲规定的时间快2分钟才能算合格。投弹、执刀格斗等课目训练时，既要练右手，也要练左手。在他们看来，战斗时若是右手受伤了，左手还能继续。像刺杀操、捕俘刀等险难课目训练直接来真的。刚开始训练时接连有战士被划到，鲜血直流。此时有官兵觉得既然是训练，为了避免伤到自己战友，可以用塑料刀代替，刺杀操的枪刺暂时先卸下来，这样可以减少划伤危险。可是，连长坚决不同意：“假刀枪能练出真本事？当兵的连死都不怕，连这点困难都克服不了？”十连硬是凭借着真刀真枪练出了真本领。

十连坚持以强军目标为指引，铁心跟党走、铁拳守边关、铁纪正作风、铁血凝友情，打造了风清气正、团结奋进的战斗集体，坚决完成好守边固边任务，被中央宣传部授予“时代楷模”称号。他们的事迹经新闻媒体广泛报道后，在全社会引起热烈反响，群众说：“这样的连队能打胜仗。”

后记

最美不过中国梦，少年追梦正当时。给青少年讲好中国梦的故事，有利于他们感知追梦的力量、体会圆梦的喜悦，进而增强民族自豪感和自信心，在成长成才的路上怀抱梦想、飞扬梦想。

全书围绕中国梦的丰富内涵、物质基础、科技支撑、农业基础、绿色底色、网络力量、社会环境、战略支撑，遴选了若干故事。通过讲故事与讲道理相结合，力求见人见事见思想，诠释好“有梦想，有机会，有奋斗，一切美好的东西都能够创造出来”的道理。

本书是“新时代讲给少年听”丛书中的一册，是在北京师范大学中共党史党建研究院的组织下完成的。院长王炳林教授高度重视丛书编写工作，多次召开研讨会，对丛书定位、写作思路、语言风格等提出明确要求，副院长冯留建教授做了大量的组织协调等工作。大象出版社对丛书的出版给予了大力支持，责任编辑韩军政提出了许多宝贵的修改意见，在此一并表示诚挚感谢。

雏鹰追梦，自信翱翔；朝气蓬勃，未来可期。期待《飞扬的梦想》能够为青少年朋友种下梦想的种子，插上追梦的翅膀。由于水平所限，不足之处在所难免，真诚欢迎各位专家、广大读者提出批评意见！

方　建

图书在版编目（CIP）数据

飞扬的梦想 / 方建编著. — 郑州：大象出版社，2023. 10
（新时代讲给少年听 / 王炳林主编）
ISBN 978-7-5711-1868-6

Ⅰ. ①飞… Ⅱ. ①方… Ⅲ. ①爱国主义教育-中国-少年读物 Ⅳ. ①D647-49

中国国家版本馆 CIP 数据核字（2023）第 187544 号

新时代讲给少年听
飞扬的梦想
FEIYANG DE MENGXIANG
王炳林 主编
方 建 编著

出 版 人 汪林中
丛书顾问 王承哲 闫德亮
策　　划 张桂枝 孟建华
项目统筹 丁子涵
责任编辑 韩军政
责任校对 耿新超
美术编辑 王晶晶
装帧设计 谢俊平

出版发行 大象出版社（郑州市郑东新区祥盛街 27 号 邮政编码 450016）
发行科 0371-63863551 总编室 0371-65597936
网　　址 www.daxiang.cn
印　　刷 河南新华印刷集团有限公司
经　　销 各地新华书店经销
开　　本 890 mm×1240 mm 1/32
印　　张 6
字　　数 96 千字
版　　次 2023 年 10 月第 1 版 2023 年 10 月第 1 次印刷
定　　价 28.00 元
若发现印、装质量问题，影响阅读，请与承印厂联系调换。
印厂地址 郑州市经五路 12 号
邮政编码 450002 电话 0371-65957865